本书受西安交通大学基本科研业务费专项资
"深入学习贯彻党的二十大精神研究"重大项目

Empirical and case studies

of mergers and acquisitions of enterprises
in traditional industries from a global perspective

李双燕　编著

全球视角下
传统行业企业兼并重组模式的
经验及案例研究

中国财经出版传媒集团

经济科学出版社
Economic Science Press

图书在版编目（CIP）数据

全球视角下传统行业企业兼并重组模式的经验及案例研究/李双燕编著. —北京：经济科学出版社，2022.9
ISBN 978-7-5218-4083-4

Ⅰ.①全…　Ⅱ.①李…　Ⅲ.①传统产业-企业兼并-企业重组-经验-中国②传统产业-企业兼并-企业重组-案例-中国　Ⅳ.①F426.8

中国版本图书馆 CIP 数据核字（2022）第 184510 号

责任编辑：杨　洋　卢玥丞
责任校对：王肖楠　孙　晨
责任印制：范　艳

全球视角下传统行业企业兼并重组模式的经验及案例研究

李双燕　编著

经济科学出版社出版、发行　新华书店经销

社址：北京市海淀区阜成路甲 28 号　邮编：100142

总编部电话：010-88191217　发行部电话：010-88191522

网址：www. esp. com. cn

电子邮箱：esp@ esp. com. cn

天猫网店：经济科学出版社旗舰店

网址：http://jjkxcbs. tmall. com

北京季蜂印刷有限公司印装

710×1000　16 开　12 印张　170000 字

2023 年 2 月第 1 版　2023 年 2 月第 1 次印刷

ISBN 978-7-5218-4083-4　定价：45.00 元

（图书出现印装问题，本社负责调换。电话：010-88191545）

（版权所有　侵权必究　打击盗版　举报热线：010-88191661

QQ：2242791300　营销中心电话：010-88191537

电子邮箱：dbts@ esp. com. cn）

目 录
Contents

第 1 章　企业并购相关理论基础与文献综述　/ 001

1.1　企业并购相关理论基础　/ 001

1.2　文献综述　/ 007

第 2 章　全球主要发达经济体兼并重组历史及模式对比　/ 017

2.1　全球主要发达经济体兼并重组历史及并购模式分析　/ 018

2.2　各经济体主要并购模式的选择　/ 036

2.3　各经济体企业并购过程的政府支持与管制政策核心
准则　/ 039

第 3 章　全球传统行业并购的模式统计分析　/ 044

3.1　强弱并购模式　/ 044

3.2　强强并购模式　/ 045

3.3　全球传统行业企业并购模式数据分析　/ 047

第 4 章　中美上市企业并购模式演进的对比研究 / 053

4.1　中美上市企业并购模式对比分析 / 054

4.2　中美上市企业不同并购模式下并购绩效的实证分析 / 072

4.3　本章小结及政策建议 / 089

第 5 章　中外传统行业企业兼并重组的典型案例分析 / 094

5.1　汽车行业 / 094

5.2　钢铁行业 / 112

5.3　煤炭行业 / 124

5.4　化工行业 / 133

5.5　建筑行业 / 140

5.6　交通运输业 / 148

第 6 章　政策建议 / 153

6.1　兼并重组模式层面 / 153

6.2　兼并重组推进路径层面 / 160

6.3　数字经济时代的传统行业并购政策改革 / 170

6.4　"双循环"发展格局下传统行业并购面临的机遇 / 173

参考文献 / 177

后记 / 188

第 *1* 章

企业并购相关理论基础与文献综述

1.1 企业并购相关理论基础

1.1.1 企业并购动因理论

1. 差别效率理论

差别效率理论认为企业在进行并购活动的时候，不仅扩大了企业的规模，与此同时还会产生一定的社会效益。主要体现在以下两个方面：一是企业并购后管理层管理效率的提升；二是并购活动完成之后企业协同效应的实现。具体而言，如果两家公司在效率上存在差别，那么合并之后，效率较高的公司会带动效率较低的公司，使得整体效率得到提升，使并购具有一定的协同效应。协同效应可以通过管理协同、财务协同和经营协同三个层面的提升来体现。

2. 代理理论

詹森和梅克林（Jensen and Meckling）在 1976 年提出了代理理论，

即企业所有者（股东）委托企业管理者运营企业，两者产生了契约关系。而在具体的执行过程中，股东作为所有者和管理者的利益是否能够得到统一也是大家关心的问题。简而言之，代理理论认为外部董事对管理层滥用股东资金的控制具有优势。大多数并购研究都是基于代理理论的视角进行的。代理理论的前提是当企业的所有者和经营者不同时，以及当同一个产业链中上下游企业进行合作时，由于股东和经营者之间的委托管理协议不会无成本地执行，因此企业间进行商业合作时就会存在代理问题。尤其当企业经营人员拥有的股权占比很少时，就会产生公司管理中的代理问题。在有很多股东的公司里，个人股东持股比例较低，从而不会有足够的动力去监督经营人的行为，这就可能会让管理层作出对股东不利的决策，导致企业间可能发生以损害股东利益为代价的恶意并购。

3. 市场势力理论

该理论认为，大多数企业进行并购是为了获得更高的市场份额，通过并购活动，企业可以扩大其业务范围以达到该目的，最终提升了市场势力。因此企业间发生并购活动的原因之一就是意图通过同行业之间或者产业链上下游企业的合并，从而实现提高市场占有率的目的。在市场上出现产能过剩、供大于求的情况时，企业会选择合并其他企业的业务来应对市场竞争。在全球经济化的背景下，一些国外企业会在我国进行并购进而占据国内市场份额，此时部分国内企业也会通过并购来联合对抗市场上的冲击压力。这些并购活动最根本的动因是力图保持自身的市场份额或者得到更多的市场份额。

1.1.2 传统企业跨界转型的相关理论

1. 企业生命周期理论

著名管理学家伊查克·爱迪斯在其著作《企业生命周期》中提出企

业的生命周期思想，并将企业的生命周期划分为孕育期、婴儿期、学步期、青春期、壮年期、稳定期、贵族期、官僚早期、官僚期、死亡期十个阶段。显而易见地，不同的企业由于其自身的发展模式、发展历史阶段不同，所处的生命周期阶段也有所差异，当企业走向成熟后，就面临着进一步的衰退，利润开始逐步变少。特别对于传统行业企业来说，当面临新的社会经济变革时，需要进行转型，进而走向新的生命周期。

2. 竞争优势理论

美国经济学家迈克尔·波特提出"竞争优势"概念，并提出企业在生产经营过程中面对五种力量：现有产业内竞争、潜在入侵者威胁、替代品威胁、供应者谈判力和购买者谈判力。波特认为，企业选取合适的行业是获利的关键，并需要根据所处的市场环境来调节经营战略，进而打造竞争力。

我国目前的传统企业若选择进入新兴企业，是当下较为合适且成功的手段之一。位于成长期和成熟期产业中的企业往往盈利能力较大，能够减少大环境所带来的不利影响，其发展更快。而处于产业衰退期中的企业，生产能力往往过剩，盈利能力和空间大大减少，市场接近饱和，竞争激烈。我国目前的新兴产业大多处于产业的成长期和成熟期，而传统企业大多处于产业的衰退期。因此，传统企业可以适时调整自身的战略方向，寻找将自身产业与新兴产业的结合点来打破产业发展带来的瓶颈，以获得新的竞争优势。

3. 价值链理论

价值链理论涉及企业在日常经营中相关的活动。迈克尔·波特曾提出，每一个企业在设计、生产、销售等过程中都需要进行一系列的活动，这些有差异但又相互关联的活动构成了一个创造价值的动态过程，即价值链。根据该理论，企业与企业之间的竞争，并不局限于某一个方面的竞争，而是整个价值链的竞争，价值链越强，企业的竞争力就越大，因此从价值活动角度进行价值链分析，有助于提升企业竞争优势。

1.1.3 企业并购模式选择相关理论

1. 市场力假说理论

市场力假说理论认为企业可以通过并购来扩大规模，以增加企业在市场中的占有率，从而加大对市场的控制力。一般在横向并购中，企业通过收购同行业的其他企业来使企业规模迅速扩大、并减少竞争对手。根据交易成本理论，在纵向并购中，企业也可能通过并购产业链上的上下游企业来减少交易成本，进而提升企业应对风险的能力。而混合并购可以使企业快速进行多元化经营，降低企业在单一行业中经营所产生的风险，有效应对外部环境的变化。

2. 资源基础理论

该理论认为企业在选择并购策略之前应该依据企业自身资源的情况来抉择。一个企业若能进行生产经营，说明该企业能够获得并能有效管理资源。企业进行并购活动的根本目的是为了实现资源优势互补，不断使企业的资源价值升高，使企业能够获得帮助企业长远发展的资源。例如，纵向并购为并购方提供了减少其对特定市场（如原材料供应商）依赖的机会。这意味着并购方通过并购利用目标公司的资源，从而减少对其的依赖。横向并购通过并购同行业企业来扩大企业规模，提升市场地位，减少了企业对外部市场优势的依赖，并在一定程度上节省了交易成本。

3. 企业核心能力理论

企业核心能力理论指出，企业在利用所有资源进行发展壮大时，应该将最重要的资源用于核心竞争能力的发展建设上。若企业希望通过并购使核心竞争能力变得更强，就可以通过横向并购同行业中的掌握核心技术的企业来实现。若企业希望通过并购来实现核心能力的多元化发展，就可以通过混合并购来分散风险，同时使核心能力更加稳固。若企业希望通过并购让其核心能力在产业链上发挥举足轻重的作用，就可以考虑通过纵向并购实现。

因此，企业在进行并购模式选择前，要从宏观层面上客观考虑企业在行业中所处的地位，以及国家经济发展的政策导向等是否有利于并购活动，并且企业需要多加关注微观层面，认真考虑企业所拥有的资源情况及核心竞争能力发展情况，对企业自身所拥有和所缺乏的资源进行分析，选择合并真正有助于企业长久发展的资源。

1.1.4 企业并购效应理论

企业根据不同的目标而选择不同的并购模式，有的企业进行并购是想获得规模效应，有的企业是为了实现多元化经营。

1. 横向并购效应

横向并购的正效应主要是通过规模经济来体现，对于想快速做大做强的中小型企业来说，横向并购是较为理想的方式。恰当的横向并购可以有效改善主并企业的经营状况。

企业选择横向并购的主要目的是为了追求规模经济，具体而言，即生产环节和经营管理方面的规模经济。生产规模经济是指当企业通过并购后整体规模扩大，与竞争对手从竞争关系变化为合作关系，通过进一步的生产分工及生产专业化，使得生产效率得到提高，进而实现规模经济效应。经营管理规模经济主要表现为当企业发生并购之后，在同行业竞争市场中的市场份额占比变大，企业自身实力和资信水平得到了提高，获得了同行业企业的认可，因此企业可以较以前更加高效率地进行融资，并且较合并之前一定程度上节约了财务费用；并购后的企业之间可以形成核心技术研制方面的规模经济，也可以通过企业品牌等的发展来扩大企业的影响范围，实现无形资产方面的规模经济。

但并不是所有企业都能通过横向并购的方式获得上述效益。企业不能盲目通过横向并购来扩大生产规模，要从企业自身的实际情况出发，否则就会出现横向并购的负效应，即规模不经济的情况。通过横向并购虽然是大多数企业发展初期选择的并购方式，但要警惕盲目横向并购带来的规模不经济问题。需要考虑如下因素：参与并购的双方业务相近，所属行业中有可以实现规模经济效应的空间，但在并购之前双方市场份额都不足以实现规模经济；并购双方在核心竞争技术，以及拥有的资源优势等方面可实现资源互补；并购双方的并购活动应当符合法律法规及政府规制的要求，尤其是并购后企业所控制的市场份额不能在市场中形成垄断势力，并购目的应当是实现市场的公平竞争。

2. 纵向并购效应

纵向并购使市场化的投入产出关系转为内部统一管理的投入产出关系，节约了交易费用，获得纵向一体化的效果。在并购市场上，企业之间的交易大都是包含交易成本的，并购双方之间交易费用的多少会决定其交易模式的选择。当上下游企业之间进行交易的手续非常冗杂，或者交易成本很高时，企业将更多地选择纵向并购。纵向并购模式之所以能减少交易费用，主要是因为：首先，此类并购减小了企业对外部的依赖，提高了企业在谈判时的地位；其次，此类并购减少了履约的费用；最后，此类并购减少了由于市场不透明造成的发现价格成本。

进行纵向并购后的企业可以对产业链上的企业实现一体化控制，减少了并购前企业之间交易过程里冗杂的手续所花费的时间成本，将企业之间的技术进行了新的分工合作，生产环节安排更加合理，效率不断提升，进一步降低了交易成本。此外，纵向并购有助于统一掌控产业链上企业的利益，降低了单独企业为追逐自身目标而产生的资源浪费。

但纵同并购也可能带来一些负效应，包括：企业外部交易成本降低的同时并没有减少管理成本，企业管理成本随着企业规模的扩大非降反升。导致这些负效应产生的因素包括资产专用化程度、交易过程复杂程度及交易频率等，还有企业并购活动进行过程中附带的一些经营风险、合并后管理成本的增加幅度与节约的交易费用之比。因此，企业间应注意：并购双方可以在产业链上顺利实现业务衔接；企业之间在并购后可以实现产品生产环节的一体化衔接，同时还需要对目标企业所属市场进行一体化控制。

1.2 文献综述

并购是企业重组或业务整合最广泛使用的手段，是当今竞争激烈的经济市场的重要组成部分之一。安东尼（Anthony，2019）提出并购被认为是丰富企业财务业绩和增长的商业战略之一。此外，在当今竞争激烈的企业中，并购被公认是一些重要的战略联盟和企业最青睐的动态发展战略。随着世界范围内的企业兼并和并购市场的发展，在并购活动领域中的研究逐渐成为了国内外学者关注的焦点。

学术界多从并购动因、并购过程、并购的经济影响等角度来探讨。并购动因是指企业进行并购的理由和企业在什么样的条件下会选择并购。通常，对企业并购动因的探讨包括宏观层面、公司层面和管理层面。与并购动因相比，并购过程涉及范围更大，包括并购的模式、支付方式等。并购的经济影响包括并购绩效、并购对并购方和被并购人的作用和效果等。

1.2.1　关于并购动因方面的研究成果

影响并购行为的原因是多方面的。从宏观经济环境角度，政府制定的各项宏观政策，如货币政策、贸易信贷政策、货币汇率变动、科学技术的发展，以及资本市场的发展都对企业并购策略的选择具有重要影响。从微观层面来看，企业进行并购的动机主要包括：通过收购活动实现协同效应、提高公司盈利能力、分散经营风险和实现整合管理缩减成本等。然而在现实中，有时企业进行并购是公司管理者个人的意图，公司的高管可能希望通过企业合并满足他们的个人目标，而不是最大化股东的利益价值。

部分学者从信息获取渠道、高管薪酬和流动性三个角度对并购动机进行了探讨。亚历克斯等（Nihat et al.，2016）研究发现，由于信息的发展，企业可以从公开的市场中获取有用的信息，并据此做出并购决策。他们通过对企业并购决策的研究，为企业提供了一种全新的获取信息的方法——IPO市场。研究结果显示，IPO市场将有助于企业更好地做出并购决策，从而给企业带来正面的外部利益。被估价过高的公司通过购买较低价格公司的手段为股东带来利益，这个并购动因被付等（Fu et al.，2013）反对。他们认为，这样的收购方要付出更多的代价，而且不能形成协同效应。此外，具有管理问题的并购企业，它们的并购目的并非为股东带来利益，而是提升首席执行官（CEO）的报酬，从而获得私有利益。

从收购方企业的角度来看，学者们认为，并购是由于不同行业的经济、监管和技术冲击而发生的。收购者的主要动机包括市场动机、增强市场力量（如市场份额）和效率动机、实现效率收益（如利润水平）。陈（Chen，2019）将前沿技术与提高收入的动机相结合。此外，哈桑（Hassan et al.，2018）认为，并购的主要驱动力是利用企业价值链之间的协同效应，否则不会被理解。这些协同效应可能会帮助企业寻求更大的运营效率及增加市场力量，减少竞争，从成本削减和规模经济或有效的资源协调中获益。总结发现，两家公司进行并购的动机包括生产多元化、经济获利动机、通过开展活动和有效决策来实现其既定目标的长期股权价值增加等。

杨子牧（2012）解释了我国企业并购市场上的活动，他认为我国企业倾向于进行并购的动因之一是收购方企业可以使用被并购企业的资金来对一些有发展前途的行业进行投资，此外有些企业是为了通过并购实现合理避税。结合当前我国并购市场中的并购事件来看，上市企业以并购作为扩张手段，那些面临市场压力的企业通常更倾向于通过并购来整合其资产，以提升公司的绩效和在全球市场上的动态管理能力。同时，也有企业联合或收购其他企业，利用彼此的优势，从而提高市场份额和盈利能力，使较弱的企业在竞争市场中生存下来。

1.2.2　关于并购影响因素方面的研究成果

近年来，有学者从不同的角度对并购的影响因素进行了探讨，包括人力资本相关性、董事会独立性、现金充足率、政策和监管机制的不确定等。李等（Lee et al.，2018）建立了衡量企业人力资本与物质资本匹配程度的指标来研究人力资本相关性和并购之间的关联性。通过实证分析发现，具有相应人力资本的公司，并购的发生概率较高，且并购收益较高，并购后的经营业绩也较好，当并购双方处于不同的行业或产品市场时，这种现象更可能发生。在与人力资本相关的公司合并之后，公司的员工数量将会减少，而薪酬也会下降。兼并后的公司能够减少低素质和重复的员工，因此可以减少劳动力成本。他们还进一步表明，如果员工数量很小或者没有变动，那么人力资本的关联度对公司出售资产所带来的利润没有任何影响。

施密特（Schmidt，2015）研究发现，独立董事对股东的利益未必是有利的。如果董事会的决定超过了监管，那么它的独立性就会降低公司的价值。他对该预测进行了检验，通过利用 CEO 与董事会成员之间的社会联系作为较不独立的董事会的代表来检验，探讨了企业董事会的和谐和企业并购所产生效益之间的关系。如果董事会建议的潜在价值较高，那么社交关系就会带来更高的投标公告带动的利益。但是，随着公司董事会的管制要求越来越高，公司的利润也会随之下降。因此，根据公司特定的需要，拥有一个和谐的董事会既有成本，也有收益。高和穆罕默德（Gao and Mohamed，2018）指出，平均来看，拥有大量现金的收购方要比缺乏资金的公司业绩好。

约斯特等（Jostet al.，2022）对企业社会责任（CSR）对并购的影响进行了研究，通过使用 2003～2018 年的交易数据，研究发现，无论是收购方还是目标企业的 CSR 表现，都不单独对并购产生显著影响。然而，并购方的治理质量和 CSR 绩效的交互作用对并购前兆会产生负面影响。王等（Wang et al.，2020）使用机器学习算法研究了 CEO 和首席财务官（CFO）性格特征之间的相互作用对企业并购强度的影响。

王（Wang，2020）的实证分析发现，文化企业的融资约束与并购绩效正相关，并且企业并购过程中股票支付的选择对并购业绩有正向影响，研究还发现在融资约束影响文化企业绩效的过程中，支付方式起到了中介作用。

安德森等（Anderson et al.，2017）基于上市企业并购活动的频率和价值数据，通过实证分析研究投资者是否能够从上市公司的交易结构中预测新公司的并购行为。通过对新上市公司交易结构的分析可以了解一个新公司将会是并购方或被并购方，这一结论与某些公司通过上市来推动未来的并购行为的假设是相符合的，而承销商的能力、营销活动、产品定价、收益、所有权结构，以及发行活动都会影响到这一点。在企业上市的时候，投资者似乎依赖于这种已知的信息来预测企业的并购行为对证券估值的影响。具体来说，将要上市的企业在宣布并购后，公司股票收益接近于零，但投标人却会获得更多的收益。因此，研究结果显示，企业上市进程对于企业未来的并购行为及价值评估具有十分重要的作用。

此外，外界环境对企业并购也会造成一定影响，库里和洛克（Kooli and Lock，2021）研究了新冠疫情对全球并购活动的影响，通过收集全球交易的数据，虽然还无法完全给出 COVID-19 的影响，但已初步说明这种影响经济稳定的变化会对并购活动造成破坏。李等（Li et al.，2021）也指出经济政策的不确定性对企业并购也会有一定影响。

布鲁克斯等（Brooks et al.，2018）的研究表明，机构投资者对企业的策略有很大的影响。两个公司的机构交叉持股可能使他们更容易合并，而且会影响其并购效益。机构间的交叉持股减少了并购的溢价，提高了收购中的股份支付，减少了公司的负面公告收益概率。另外，若机构间相互持股比例较高，则可减少并购交易费用，且财务报告资讯也会更加透明化。从整体上看，在降低了股东间交叉持股的非对称性之后，相互持股的独立性和长期交叉持股会对企业间的合作与合并绩效产生长期正面影响。他们的研究显示，美国公司的策略与决策程序将会因为股票市场的机构间交叉持股而发生重大变化。

1.2.3 关于并购模式方面的研究成果

研究发现，国际企业并购存在着不同的形式。例如，纵向整合（上游或下游）、横向整合和联合企业等。纳托切瓦等（Natocheeva et al.，2017）的研究表明，在非竞争环境下的垂直交易产生更高的总回报，因此相对于对等交易而言，纵向并购能创造更多价值。此外，他们还认为，纵向整合，如上游或下游的整合显著增加了企业的价值，特别是处于产业链不同阶段的供应链管理和相应产品的制造工厂等；同时，企业集团可以通过并购活动实现投资多元化，使得企业的无形资产和有形资产得到充分利用。法夫等（Faff et al.，2019）从企业并购产生的经济效应角度出发，对不同并购模式进行了对比分析，提出纵向并购的财富效应优于横向并购。石颖（2016）从我国上市企业并购的终极控制人性质及其所持有股份比例这个角度出发，通过实证研究分析了其与并购模式选择之间的关系。研究得出，当终极控制人为政府，上市企业股东持股百分比较高时，企业倾向于在同一地区进行专业化并购。陈爱贞和张鹏飞（2019）研究了并购模式与企业创新之间存在的关系，结论表明，跨境并购和境内并购两种并购模式对企业创新能力的提高都具有正向影响，其中跨境并购的创新效应更强。

企业在选择进行并购活动后，最终并购活动的成败会受到宏观经济环境及企业自身微观层面等较多因素的干预和影响。吴汉洪和周德发（2012）在国内外学者对并购模式选择的影响因素及并购模式的选择问题上，参考美国的横向并购指导，认为《反垄断法》等相关法规将会对企业并购模式的选择产生一定的影响。张忠寿（2013）从时代背景出发对企业兼并方式进行思考，提出参与并购的企业应该以当前全球的竞争环境作为背景，对企业自身优劣势、目标公司的有形资产和无形资产，以及两个公司合并后的长期发展计划进行全面的战略规划，同时考虑收购企业和被收购企业所处的生命周期的阶段来对并购活动的最终目标是否可以实现进行预判，并做好应对策略。刘焰（2017）从三个宏观角度分析并购活动成败的原因，其层次由低到高：企业层面是企业自身发展生命周期、中观层面是参与并购企业所属产业生命周期、宏观层面包含经济发展周期等。此外，还有学者提出数字经济时代中互联网金融发展状况及政府干预等也会对企业并购模式的选择产生影响。

1.2.4 关于并购支付方式选择的研究成果

以往研究关于并购支付方式的选择主要包括要约收购、协议收购，现金收购、股票收购和混合收购等。马修和杨（Matthew and Yang，2016）对与并购相关的债券投标的动机和影响进行了研究，发现并购企业可以通过使用债券投标报价与债券持有人重新谈判，能够降低杠杆，提高企业财务灵活性。卡拉姆帕察斯等（Karampatsas et al.，2014）对信用等级与并购付款方式之间关系进行了研究，发现信用评级较高的投标人在收购中使用现金融资的可能性更大。他们认为，这是由于投标方财务状况相对宽裕，并且投标方因其信用评级较高而更有能力进入公共债务市场。黄等（Huang et al.，2016）认为，跨境并购的支付方式能降低收购方国家层面的治理风险。在跨国并购中，当两国面临类似的高治理风险时，支付方式会更多地采用股票。尽管一些研究表明，采用股票而非现金的跨国交易会降低交易成功率，但在更高风险的跨国交易中，采用股票支付可以保护收购人避免多付的利益。此外，在 2000 年之后的跨国贸易中，股票的使用频率明显增多，而现金的使用频率则明显下降，说明付款方式逐渐和国内交易所使用的方法重合。同时，研究还发现，选择合适的收购方案会对公司的公告盈利和未来的经营绩效有一定的影响。李等（Li et al.，2021）研究发现，当收购方面临中高水平的内部约束但债务偿还水平较高时，这些企业在并购过程更有可能采用债务融资而不是股权融资。奥芬伯格和皮林斯基（Offenberg and Pirinsky，2015）研究发现，要约收购能够大幅缩短花费的时间，这是相比企业合并的一个优势。但是，要约收购会促使被并购方增加股份并提高价格，因此，投标者需要在速度和成本之间进行权衡。如果竞争越来越激烈，外部的阻碍也越来越小，那么公司就会更容易地接受要约收购。同时，与并购相比，要约收购可以得到较高的溢价。此外，竞标公司的竞争对手在要约收购中所取得的公布盈利和随后的运营绩效都要比并购交易低得多。

综合以上分析，企业并购动机与资信等级对企业并购行为的选择有一定的影响。在跨国收购进程中，在双方国家面临类似的高治理风险的情况下，企业会以股票为主要付款手段。同时，并购模式的选择将直接影响公司的公告盈利和未来的运营绩效，而要约收购可以极大地缩短并购完成的时间，但其竞争对手在要约收购中所取得的公告盈利与未来的运营绩效都会明显降低。

1.2.5 关于并购绩效方面的研究成果

国内外学者对上市企业并购绩效问题的研究主要使用以下两种方法，首先通过股票市场上的相关指标来进行衡量，其次使用较多的是通过企业财务报表上的财务指标来进行绩效判定。例如，徐维兰（2008）同时运用了以上两种方法，通过股价变动及其他企业财务指标对上市企业在并购后一定时期的绩效进行了实证检验，结论表明，短期内上市企业并购绩效上升，但长期内绩效开始下降。这一结论和国外一些学者研究结果相近。布贝克等（Boubaker，2019）研究了收购对法国金融和房地产行业股市表现的影响，结果显示，收购公司的长期异常回报为负且显著。周瑜胜和宋光辉（2015）研究了多层次流动性对并购模式选择和并购绩效的影响机制。其结果表明流动性差异化首先会对企业并购模式决策产生影响，进而对并购绩效产生影响。

苏居德和哈赫姆（Sujud and Hachem，2018）发现，由于并购活动对企业资本充足率、长期偿债能力，特别是对企业盈利能力有积极影响，银行业在并购前后的财务变化表现明显增加。他们还得出结论，并购对股本回报率、资产回报率和每股收益都有明显的积极影响。因此，对于在全球市场上面临着扩大企业业绩和动态管理能力的公司来说，通过兼并和收购来整合资产往往是明智的。总结以往学者在并购绩效方面的研究发现，协同效应、市场力量、企业盈利能力、风险分散和综合管理战略等因素会对企业并购绩效产生影响。

纳迪亚等（Nadiaet al.，2022）研究发现，并购绩效也会受到企业员工情绪的影响，因为情绪反应的强度和方向性会导致员工产生积极或消极的结果，从而影响跨国并购的成败。并且现有关于情绪和跨境并购的文献已经基本确定了影响跨境并购活动中员工情绪的各种潜在机制和因素。

阮等（Nguyen et al.，2021）使用多种估计方法对并购后的银行流动性影响因素进行实证分析，研究表明，银行流动性受到流动性滞后、权益收益率和经济增长的正向影响；银行规模、不良贷款、短期贷款与存款比率则对银行流动性产生负向影响，研究结果对银行管理者在并购后改善流动性状况具有重要参考价值。

也有学者从并购双方的社会关系、信息不对称、董事会任命及政治关联等角度分析并购绩效。王（Wang，2018）指出，由于投资者不了解被收购人的动机，所以他们仅能大致地预测出收购的未来，因此并购有益处也有弊端。为此，王通过建立模型，对收购过程中的报价期望和信息披露的成因及结果进行了分析。通过市场对收购方独立价值的重新评估，王预估收购方典型并购获益可得 4%，主动并购价值平均可以达到 13%，部分资产会转化为企业合并前的市值。该模型还解释了公司的公告盈利和企业特性的关系，同时也解释了合并的低可预见性。豪瑟（Hauser，2018）关心公司的绩效是否由于多个董事会的委任而发生变化，并认为董事会的委任将会对公司的盈利能力、市值账比及董事进入董事会的几率产生一定的影响。在距离公司总部较远的地方，董事可以获得显著的业绩回报。

杨（Yang，2021）对中国企业跨境并购的动因与风险进行了分析，发现跨境并购加快了企业的扩张步伐，从而带动中国经济，同时也提高了中国在世界上的竞争地位；然而，由于跨境并购过程繁琐冗长，包含大量信息，中国企业在跨境并购过程中也会面临很多风险。

从历史角度来看，马丁诺娃和伦内布塔（Martynova and Renneboog，2008）回顾了在五次并购浪潮中的大量文献，整理了不同并购浪潮中目标企业和收购方企业股东在公告前后的股票回报、长期财富效应、公司绩效及并购集群和实证绩效的一些解释。他们发现，并购浪潮都有一些共同的动机——行业冲击、技术变革、积极的经济和政治环境、监管变化、快速的信贷扩张和金融自由化后的股市繁荣等，而且几乎所有的并购浪潮都发生在经济复苏时期。在短期财富效应方面，目标企业股东在收购公告前后获得了显著的回报，但收购方企业股东却损失了价值或者获得了不显著的收益。在长期财富效应方面，目标股东和收购方股东的回报价值均不显著。他们还指出，企业管理者的个人目标也会影响收购活动的选择和成败，例如，管理层的傲慢和羊群行为的大量出现，往往会导致比较糟糕的并购交易。有学者对跨境并购浪潮的估值效应进行了研究，发现并购绩效在跨境并购浪潮期间有显著提高，跨境并购有助于公司进行有效的资产重组。

1.2.6　结语

综上所述，以往的学术研究大多是从并购动因、并购活动的影响因素、并购模式选择并购支付方式选择，以及并购绩效等角度来探讨并购的问题。但这些研究多侧重于实证分析，且一般针对某一个经济体或跨国并购的实证数据，较少使用案例进行研究，也鲜有从中美并购模式对比的角度进行。本书基于以往研究，对全球传统行业并购的模式进行分析，并着重对中美上市企业并购模式的演进进行对比研究，进而选取代表性的案例进行分析，以此对中国企业兼并重组提出相应的建议。

第 **2** 章

全球主要发达经济体兼并重组
历史及模式对比

    并购重组能够使企业外延迅速发展壮大，在企业进行战略性交易投资过程中占据着最重要的地位，是企业主动适应外部环境并进行发展的一种重要方式，至今已有 100 多年的历史。从国际经验来看，并购是企业快速成长的重要战略之一，企业之间横向并购或者纵向并购都可以帮助企业扩大市场份额，提升企业的主导力和竞争力。因此，完善我国企业并购市场的机制设计有助于在微观层面助力企业释放活力，在宏观层面助力企业产业结构升级，激发经济发展的潜在动能。

    随着全球经济竞争加剧，公司之间的竞争日益加剧，国内外企业间的并购活动也与日俱增。而企业在进行并购活动过程中会存在一定的风险，并购成败的主要原因在于企业是否选择了最适合其发展的并购模式以及并购后资源整合的效果。在我国，相较于新兴产业而言，传统行业主要以低端和中高端制造业为代表作为大国发展的基石。随着数字经济时代的到来，传统行业企业的并购需要被赋予全新的意义，即传统行业企业如何快速实现产业转型升级。纵观全球发达经济体的发展历程，企业并购历来是传统行业企业发展壮大的主要途径。例如，成立于 20 世纪初期的美国钢铁公司就是由卡内基公司、国家钢管公司等大型钢铁企业通过合并发展起来的，并在接下来的发展中重组整合了更多的小公司，以横向并购消除竞争，即通过并购增加市场份额并揽下了美国过半的钢铁产量，从而使得美国钢铁工业领域中的企业能高效地参与全球范围内的竞争（郑玉春，2015）。再如德国的大众汽车集团自1937年创立至今，在全球范围内通过行业间并购和行业内并购的方式实现企业扩张，业务领域全面发展，缔造了全球知名的汽车帝国（郭超，2020）。因此，分析发达国家并购市场的发展对当前中国传统行业企业做大做强具有重要的现实意义。

我国并购市场虽然经过了四十年快速发展，但其中仍存在企业融资难、并购市场管理机制不完善、产品竞争优势不强、抗风险能力较差等诸多问题。在当前我国经济转型升级的背景下，并购市场发展潜力巨大，但相较于美国等发达国家的并购历史而言，我国企业并购市场的发展还不够完善。因此，本书将系统总结全球主要发达经济体并购模式的演进，通过分析全球主要发达经济体的并购模式与典型案例，可为我国传统行业企业通过并购实现产业转型升级提供经验具有显著的现实意义。

2.1 全球主要发达经济体兼并重组历史及并购模式分析

2.1.1 美国兼并重组史分析

美国百年并购史中涌现出一大批具有全球影响力的跨国公司，围绕并购的体系和方法已逐渐成熟，其并购的类型和监管系统（相关法规、监管机构等）等值得我们学习。

1. 第一次并购浪潮

（1）并购背景①。

19 世纪 80 年代，第一次经济大危机爆发，这也是第一次企业兼并重组的高峰期，对美国经济的影响非常深远。伴随着美国重工业化产业的高速发展，能源与机器的广泛使用推动了第二次科技革命的发展，企业规模在发展中不断扩大，而 19 世纪 60 年代左右奴隶制的倒台及美国北方联邦的胜利，都为美国资本主义的发展奠定了基础。在这期间，许多企业通过并购来寻求进一步发展，石油和烟草行业的相关企业在这次兼并重组浪潮中表现较为突出，总体来看主要涉及钢铁锻造、石油行业、食品制造业、交通运输业、化学生产技术行业及合金等其他行业。

（2）并购模式与手段②。

这一阶段的并购类型主要是横向并购，以同行业内的企业合并为主，纵向并购为辅，因此这一次的并购浪潮导致了前所未有的市场垄断。根据有关专家的计算，当时国内四成左右的工业资产是在并购事件发生中被掌控的，与此同时这一浪潮造就了众多知名公司，例如，美国钢铁公司、美国烟草公司等。

在行业构成方面，大多数相关产业是制造业和采矿业。在这波并购浪潮中，钢铁行业的联合与收购尤为重要，例如，1990 年卡内基公司和其他九家公司联合组成了美国钢铁公司，利润超过了两亿美元。

此外，由于新公司制度的兴起，即控股公司的崛起，使得控股式并购的模式与手段被广泛使用。美国在这次兼并重组浪潮中形成了许多控股公司。美国当时规模最大的企业中，除去制糖公司外，其余企业都通

---

① 郑磊. 企业并购财务管理 [M]. 北京：清华大学出版社，2004.
② 吴三强. 美国企业并购研究 [D]. 长春：吉林大学，2016.

过兼并重组成为了控股式大型公司，而当时成立的杜邦、美国钢铁、冶铁等公司时至今日依然是国内发展速度较快，并对美国发展产生巨大影响的企业。

2. 第二次并购浪潮①

（1）并购背景。

第一次世界大战结束后，在 20 世纪二三十年代（1926～1930 年），西方国家进入了战后重建时期。美国由于地理位置优势，在欧洲国家"二战"时期，发展了海外贸易，很快积累了大量财富资本。19 世纪末第一辆汽车的出现则表明交通运输技术行业的快速发展，而美国在20 世纪初就在国内铺设了大量公路，使得这一新兴产业即汽车工业及运输快速发展。除了经济和交通行业的发展，收音机的问世则说明了当时电力技术的普及，紧随其后的是房地产业的发展。汽车运输网络的完善弥补了铁路运输覆盖范围不够广泛的缺陷，电力则加快了信息传输，这些都推动了轻工业的发展。1926～1930 年，企业间合并和收购涉及多个领域，主要集中于公用事业、制造业、钢铁、石油产品、食品、化工、运输和其他行业。

（2）并购模式与手段。

这一阶段并购模式主要是垂直纵向合并。公司通过并购（如原材料生产、零件供应和其他区域）进入上游，或通过下游合并进入运输和分销等终端区域。就行业而言，并购在钢铁、铝和铝产品、石油、食品、化工、运输和汽车中相对活跃。在其他行业，如公用事业中并购也经常发生。在这一时期的典型代表为福特（FT）公司，该公司通过纵向合并产业链上的企业从而获得发展。为了能够在美国汽车产业中占据更

---

① 徐兆铭，乔云霞. 美国五次并购浪潮及其历史背景［J］. 科技情报开发与经济，2003（5）：145－147.

有优势的市场地位，福特公司着手进一步优化产业链布局，因此对其上下游企业进行了大量并购重组，之后福特公司成功在汽车产业中占据了大型制造基地。这波并购浪潮也显示出多元化的并购迹象。例如，在化学工业中，杜邦是其中的典型代表，该企业通过合并和收购创建了一个大型且多元化的集团公司。此外，第二次并购浪潮起重要作用的还有金字塔形控股结构，即小部分投资者可以使用少量资本来控制大公司，上述结构使当时著名的 Insaer Company 成为美国第二大电力帝国。

3. 第三次并购浪潮

（1）并购背景①。

在 20 世纪 60 年代第二次世界大战后，美国由于在战争中所受影响和损害较小而得以在其他国家重建之际快速拓展海外贸易。首先，美国政府通过合理的财政政策和货币政策促进了国内经济的迅速恢复。其次，美国在科学技术上取得了飞速发展。"二战"后，发生了第三次以核能、电子、航空航天和生物学为中心的科学技术革命。美国作为这些领域的领导者，使得国内一些相应的新兴工业部门迅速兴起和发展。除了经济繁荣之外，股市也发挥着重要的作用，简而言之，20 世纪 60 年代美国经济繁荣的时代为第三次并购浪潮奠定了坚实的基础。1967 ～ 1969 年是并购的高峰，共发生了一万余起并购事件。这波并购不仅在交易量上达到了历史新高，而且在交易频率方面也达到了最大。

从行业角度来看，在第三次并购浪潮中，一些行业受到产能过剩、销售增长缓慢和利润率下降的激烈竞争的影响，如航空航天业、工业机械和汽车零部件，结果导致一些公司开始进入其他相关或不相关的行业以进行多元化混合的发展。

---

① 马永斌. 公司并购重组与整合 [M]. 北京：清华大学出版社，2020.

（2）并购模式。

该时期并购特点是多元化混合并购使用非常突出。20 世纪 60 年代末期，当并购达到顶峰时，多元化的合并成为了主流收购模式。与公司无关的非主营业务收购不断发生，蓬勃发展的股票市场为通过兼并重组多元化发展提供了资金的支持。

（3）政府与法律政策[①]。

合并的高峰是在 1968 年，而后逐渐下降。原因是美国司法部门对并购可能造成的市场危害更加重视，因此严格了并购审查程序。美国国会于 1976 年通过了《哈特—斯科特—罗迪南法案》（Hart-Scott-Rodino Act），法院更加重视合并和收购程序的监察。同时，公司利润开始不足以支持最初对合并和收购的预测，以及始于 1970 年的经济衰退等原因都导致第三波浪潮逐渐减弱。

4. 第四次并购浪潮

（1）并购背景[②]。

20 世纪 70 年代，采掘业、农业、林业、畜牧业、渔业和公共服务较快发展。第四次并购浪潮发生在 20 世纪 80 年代，在此之前，美国经历了严重的经济滞胀。滞胀现象对美国经济的影响非常大。首先是美国工业生产的长期下降，企业的大量破产及失业率升至第二次世界大战后的最高水平。其次，通货膨胀率也在一直上升，但当时也有许多行业正在显示出新的增长势头。

由于上述情况的发生，当时美国的经济政策从根本上进行了很多调整。如在经济大危机期间实行的新政由于成效甚微而受到许多批评。在第三次并购浪潮中，许多企业通过混合并购来扩张市场地位，但一些企

---

① 吴三强. 美国企业并购研究 [D]. 长春：吉林大学，2016.

② 徐兆铭，乔云霞. 美国五次并购浪潮及其历史背景 [J]. 科技情报开发与经济，2003 (5)：145 - 147.

业在兼并重组后绩效并不令人满意，也出现了一些明显问题，例如，规模过大、分支部门过多、债务危机、生产成本较高等。政府也通过一些措施，如放松对航天航空行业、交通运输行业包括公路和铁路等一些产业的限制、法律法规及管理程序，来解决这些问题。

根据美国总统经济报告的统计，20 世纪 80 年代，国内发生的企业并购案件数目及交易价值也在不断攀升。20 世纪 90 年代，企业兼并重组价值几次都超过了四千亿美元，最高达到了六千亿美元。90 年代末期，发生了历史上规模和金额都达到最大的一系列企业兼并重组事件。在这一浪潮中，可以明显看到比较突出的工业部门有石油行业及相关的石油化学工业行业，其他行业如航天航空业、电气行业中的企业并购等也十分活跃。

（2）并购模式。

这一时期的合并与收购与以往浪潮相比，总金额每年在显著增加，金额较大的大型合并与收购的数量也大大增加。敌意收购不断涌现，1982～1989 年，约有超过 20% 的公司成为敌意收购的目标，其中，报价购买模式更为典型。第四波并购浪潮直接催生了美国公司控制权市场的形成。杠杆收购在此次并购中也被广泛使用，这使得许多企业能够通过杠杆融资从而操纵收购价格，如毒丸计划等在并购市场中盛行，还出现了许多小企业收购价值更高的大型企业的现象。同时，该时期也出现了大量的多元化经营企业，但由于一些企业规模过大，导致剥离并购手段被应用于实践。跨国并购在这一时期也得到了迅速发展，尤其在 20 世纪 80 年代末期，美国并购外国公司的案例数目增速不断攀升（吴三强，2016）。

5. 第五次并购浪潮

（1）并购背景①。

第五波浪潮开始于 1992 年，约在 2000 年结束。美国经济从 1992 年

---

① 石建勋，郝凤霞. 企业并购与资产重组［M］. 北京：清华大学出版社，2012.

开始逐渐复苏，在此期间，美国公司的并购逐渐发展。与经济发展节奏相互配合，这次兼并重组浪潮在 20 世纪 90 年代末期达到高峰。而随着股票市场在 2000 年之后开始下跌，第五次浪潮也开始走向终结。20 世纪 90 年代时期，互联网技术在全球不断发展，也推动美国进入了以互联网和生物技术为中心的新经济时代，使得这些行业发展迅速。例如，互联网技术产业在美国社会经济发展中所占比重在不断增高，社会经济发展结构也因此不断优化。另外则是全球经济一体化进程在不断加快。随之而来的是国际局面的改变，资本主义社会已经从在美国的单一执行局面转变为由美国、欧洲和日本主导的局面。经济一体化和互联网技术的发展使得美国市场上的企业竞争者数量急剧增加，因此，许多企业为了获得进一步的发展，提升资产使用效率，将目光转移到跨国并购的路径上来，以此激发跨国配置在国际上的新资源。

从行业角度来看，这次并购浪潮中的企业主要来自于金融行业，高新信息技术行业及广播行业、通信行业。从数量上来看，计算机软件、服务、商业咨询，通信和零售等行业并购金额数目较高。在前几次的并购浪潮中，传统行业所占份额比较大，而第三产业在这波并购浪潮中所占份额更大。

（2）并购模式。

此次并购浪潮也出现了强强联合的并购案例。大型企业之间的联合更多体现的是一种为了长期高效发展而考虑的战略性并购，其中拆分也是当时美国企业采取的重要方式。在 20 世纪末期的一段时间内，超过五十家美国公司在不到 9 个月的时间中采取了分拆型并购，并购价值总计超过百亿美元，这种分拆型并购在这一时间发展最为繁荣。其次，战略性并购也体现在互补性上。在一个行业中的不同企业会有不同对应的市场，使用不同的生产技术等。通过合并，他们可以相互补充，并通过协调提高整体竞争力，这波浪潮也反映了跨国并购的特征。

6. 美国并购史总结

在上述美国五次并购浪潮的历史中，可知每一次众多企业兼并重组的发展趋势都是跟随着经济发展及周期来运行的。1865 年美国南北战争中北方联邦取得胜利，之后资本主义经济快速发展是第一波企业重组浪潮兴起的重要因素。美国南北战争之后，社会稳定、劳动力恢复、技术进步和运输基础设施的发展加速了经济繁荣。在第一波并购浪潮之后，美国进入了 20 世纪的第一次经济繁荣时期。第二次的兼并重组浪潮则定位在第一次世界大战结束之后，此时欧洲许多战后国家正在进行重建，资本市场因此快速发展起来。在这一时期，资本市场上的债务融资也十分活跃，推动这些纵向并购的主要力量实际上是金融资本，在产业资本中加入金融杠杆来追求更多的利润，加快产业链上下游企业的兼并重组。20 世纪 60 年代是"二战"后美国广泛的工业发展时期，美国国家和公司的竞争力是空前的。在科学技术的进步，特别是电子计算机等新兴产业发展的推动下，第三次兼并浪潮发展起来。20 世纪 70 年代时期由于美国经济停滞和通货膨胀情况较为严重，企业兼并重组也一直处于低潮，直到后来 80 年代的第四次并购才快速发展起来。同时，一些最初的垄断也因外国公司的竞争而衰落。但是，新兴产业也在不断增长，特别是由于有线电视和无线网络通信，家用电器和计算机等技术的发展。第五次并购也与宏观经济周期密切相关。第五次发生在 20 世纪 90 年代，美国经济从 1992 年开始复苏，进入了自第二次世界大战以来最长的繁荣时期。在 2000 年，随着美国互联网泡沫的破裂等，经济进入衰退，并购浪潮逐渐平息。

美国并购浪潮历史上的相关政府指导方针可以概括如下：美国对并购进行了广泛的监督，并且各个方面的职责和作用相对明确。实际上，美国并购监管体系可以分为三个层面。第一层是反托拉斯法，联邦政府对此负责。联邦政府处理垄断问题，判断合并与收购是否损害了垄断自由贸易，以及它们是否损害了消费者利益。第二层是对合并与收购本身的监管，对重组过程中涉及的不同主体、利益相关方、企业管理者及股东之间的关系进行管理调整。在这期间，证券监督管理委员会也起着重要作用，包括信息披露是否透明及时，中小股东的利益是否得到充分保护，并且每个州都有责任监督该州的相关并购活动，还有一个重点是政府对并购的监管措施对国家安全是不是存在危害。法院系统也发挥了关键作用，如果对法律解释存在争议，法院会发布判决，提出解决方案。尽管解决方案不是完美的，但是新问题可以由法院解决，也可以通过要求新的立法解决。

后来，非法原则加强了对垂直兼并的监管，并购监管已经开始按照保护自由竞争和消费者权益的基本原则转向效率的主要优先领域。特别是在后期，其监管在不断提高效率，反映了在全球竞争压力下整个社会的共识。

通过对美国百年来的并购历史中政府监察体制和事迹进行总结发现，政府对并购的管理和监察是多方面的，分不同层次的，但对公司的美国并购活动影响最大的则是以反垄断原则为核心的监管行动，这个原则贯穿始终。由于美国政治体制的特殊性使得其司法系统有着较为独立的决策权和运转策略，因此其反垄断的法律法规及规定在发展过程也时常发生变化。反托拉斯法在美国社会和经济发展过程中，一直根据实际变化来更新其内容，尤其是法律侧重的取向方面在发生变化，改善实施方式。政府在监管企业并购过程中越来越重视法律的限制对社会经济效率的影响，并根据这个原则对并购的监管进行调整。

表1-1总结了美国并购浪潮。

表 1-1 美国并购浪潮对比与总结

次数	历史背景	并购模式	行业	政府监管
第一次	南北战争经济复苏交通基础设施的建设	横向并购控股式并购	钢铁、食品、石油产品、化学、交通工具、合金、机器、焦炭等行业	法律松懈 1889 年新泽西州修订公司法内容
第二次	"一战"推动经济,放任主义发展 "一战"结束西方资本发展恢复	纵向并购	公用事业、制造业、钢铁、石油产品、食品、化工、交通工具	反垄断法《谢尔曼法》(Sherman Antitrust Act)
第三次	美国"二战"后工业经济全面发展科学技术新产业发展	多元化混合并购	航空业,工业用机械、汽车零部件	司法部收紧对多元化并购的审查。1950 年出台《塞勒—凯弗维尔反兼并法》(Celler-Kefauver Antimerger Act)和修改《克莱顿法》(Clayton Antitrust Act)。国会 1976 年通过了《哈特—斯科特—罗迪南法案》(Hart-Scott-Rodino Act)
第四次	美国经济出现滞涨之后,新兴行业推动经济增长	战略型并购,杠杆收购,敌意并购,剥离并购,跨国并购	石油、石化、医药和医疗设备、航空和银行业	联邦政府对航空和银行业的法规和准入门槛降低。在 20 世纪 80 年代后期,一些州政府和地方法院通过了反对收购的修正案
第五次	美国 1992 年经济复苏,互联网技术发展,2000 年之后经济增长缓慢	强强联合,战略型分拆或互补,跨国并购	传播、金融、广播、计算机软件及设备、石油行业	里根政府解除行业管制,放松并购监管

7. 启示

根据上述分析,得出如下启示:

（1）并购浪潮总体上与经济周期密切相关，政策颁布可顺应经济周期。

（2）美国并购模型跟随经济周期并以水平、纵向、多元化、分拆型、战略型、跨国并购几个步骤进行推进。不同时期的并购手段也说明企业的发展重点：第一步是产业链上下游企业的重组调配，第二步是企业内部组织不断扩大的推展，第三步则是寻求国际资源进行跨国合作的演进。

（3）美国并购监管体系是多方面的，分不同层次，但对公司的美国并购活动影响最大的，则是以反垄断原则为核心的监管行动，这个原则贯穿始终。

（4）政府要尽力做好资本市场建设工作，避免让金融资本超过工业资本，因为这可能会导致并购过度金融化情况的出现。

（5）及时地完善并购相关法律法规对并购的成功十分重要。

2.1.2　英国兼并重组史分析

1.　第一次并购浪潮

英国第一次并购浪潮与美国发生第一次并购浪潮的时间接近，处于1892年之后到20世纪初期。这一时期，电力的出现推动了当时世界各国工业革命的发展，而股票市场的繁荣则使得资本主义企业改变原有的生产发展路径，通过并购同行业的小企业获取垄断性的市场地位。这些合并主要集中在纺织行业，合并以新公司取代了以前效率低下的卡特尔，并在传统工业部门或某些主要新兴工业部门中建立了各种形式的垄断。这种并购浪潮鼓励了生产和企业资产的不断扩大，也为英国等国家的资本和企业在国际上的竞争奠定了基础优势。英国与美国当时的行业情况略有不同，其在钢铁、化学制品和电动机方面的垄断行业相对落后。公司规模较小，企业组织仍处于家族控制或合伙制阶段。尽管并购浪潮开启了英国并购浪潮的序幕，但合并后的业务规模却大大小于美国现代并购浪潮中形成的公司，组织结构也相对宽松，影响有限（蔡宝钢，2004）。

2. 第二次并购浪潮

英国第二次并购浪潮背景主要是英国在 20 年代初期出现了如化学化工行业、制造业中的造纸业、电器行业等许多新兴产业。社会信息技术的研究发展及企业向更大的全球市场扩展的现象也为大规模提高生产和运营效率提供了机会。国际合作和技术转让已成为发展趋势。这些因素助长了英国并购的又一次激增。并购浪潮对大多数制造业产生了重要影响。例如，这次兼并重组过程中产生了三大巨头：英国通用电气公司、英国电气公司和汽车工业中的电气工业联盟等大型企业。并购带来的企业生产规模扩大使一些企业达到了最佳生产规模以节约成本。这次并购浪潮中许多行业通过兼并重组取得了显著发展。如制造业、汽车行业、钢铁行业等，以及一些新兴产业如电气、造纸行业、金融行业。科学技术也使得许多企业有能力扩大生产规模，突破国界的经营则进一步提升了许多企业的组织能力，从而催生了一批优秀的知名企业（张鸣，2010）。

3. 第三次并购浪潮

第二次世界大战结束之后，从 1950 年左右开始，英国等欧洲资本主义国家进行战后重建，因此大力发展社会经济，企业兼并重组也随之发展，之后持续了十多年。经历过战争的许多发达国家都遭遇了经济低谷的局面，因此英国等国家将战后重建的重点放在如何快速刺激经济增长，企业混合并购这种多元化的发展形态也逐渐快速发展起来，这一阶段也有一些企业采用同行业内的横向并购，以及整合产业链的垂直并购，这些并购案件也推动了国内经济繁荣发展。英国在 20 世纪 70 年代发生的企业兼并重组案件数达到 1000 件以上，总金额数也是一度达到 25 亿英镑（宋养琰，2008）。比较明显的是这一时期英国制造业企业与国际企业的竞争愈加激烈，由于海关税收的下降，以及欧洲经济联盟中国家成员增加导致更多企业进入市场，英国制造业企业与外国生产商在规模和资源上的竞争已变得更加明显。政府参与了许多重建产业结构的活动，如成立于 1966 年的重组公司（IRC）就加速了生产商的并购。这些并购活动使英国制造业企业得以获取更多业务，降低了生产成本，并且占据了竞争优势。

4. 第四次并购浪潮

第四次并购浪潮发生在 20 世纪 80 年代中期，由于在 20 世纪 60 年代的并购浪潮中成立的大公司没有产生预期的结果，再加上工业重组公司的解散和政府的限制，英国的并购浪潮在 20 世纪 70 年代开始下降。这促使英国垄断与合并委员会修改该政策。英国政府第一次将并购政策视为竞争政策的代名词。客观上，新的并购政策对竞争的高度重视引发了并购的新高峰。在此期间，大型公司并购在英国很明显，但竞争对手的管理风格显然非常多样化（宋养琰，2008）。

2.1.3 德国兼并重组史分析

1. 第一次并购浪潮

德国第一次并购浪潮发生于 19 世纪末 20 世纪初。早在 19 世纪 70 年代第二次工业革命浪潮渐起，这次工业革命给全世界带来了科学技术进步。德国普法战争的胜利使其获得了领土补偿和货币补偿，再加上相对廉价的劳动力。在几个因素的共同作用下，以及德意志第二帝国又在俾斯麦领导下统一，德国在接下来几十年间完成了工业化，成功步入世界强国之列。德国这轮兼并重组在工业技术进步、廉价劳动力等事件的推动下形成了一些知名的大型垄断公司。大多企业采用了同行业内的横向并购模式，超过五百个以上的卡特尔组织也表明其工业也取得了显著发展。

2. 第二次兼并浪潮

20 世纪初期，第一次世界大战刚刚结束，德国、英国和法国等资本主义国家致力于进行战后重建，这使得德国等国家的资本市场快速发展起来，再加上这个时期高科技信息技术的研发进展，使得企业掀起了一波兼并重组热潮。这一阶段，电力、电气工业、化工行业及造纸业等新兴产业在欧洲许多国家发展起来。电力、煤炭等技术的使用使得许多新生产技术得以产生，并且产业合理化政策也促进了企业通过并购扩大生产规模，即许多企业在科学技术发展的支持下采用新的技术和新型生产设备，通过合理化分工形成标准的流水工人作业，形成自动化的生产流水线。而对于新技术、新设备的资本追求自然而然催生了兼并重组浪潮（梁琳，2006）。

在这一时期的德国企业兼并重组浪潮有着明显的两个特点，第一是国内形成了大量垄断性的组织和企业集团，并且政府为了国家发展，亲自出面干预一些并购活动的发展，尤其是涉及国家民生和经济基础等企业的并购案件，由国家控股或参股。第二是 1990 年末，德国政府控制的国有垄断股份占比大幅度提升，增强了政府对本国经济的掌控，从而对促进经济的良性发展具有重要作用。同一时期，政府还强制颁布了卡特尔政策，这种措施不仅大大提高了国内重要行业的垄断程度，同时也满足了国民经济军事化的需要，纳粹政府也出于政治需要侧重发展汽车工业。此阶段一般采取纵向并购模式（宋养琰，2008）。

3. 第三次兼并浪潮

第二次世界大战结束之后，在时任经济部长艾哈德的推动下建立了社会主义市场经济，并在之后的时间成功创造了"艾哈德经济奇迹"。此阶段一般采取横向与纵向兼具的混合并购模式，并且开始出现跨国并购。

4. 第四次兼并浪潮

20 世纪 80 年代初期至 90 年代的十多年间，在金融财团的推动下企业并购再一次兴起。这一时期的企业兼并浪潮中，跨国并购的案件数量始终处于快速增长趋势，并购也不再仅发生在几个主要国家中，而是一次全球范围的并购热潮，并且多种兼并重组模式的规模比以往任何时期都大。与前三次兼并浪潮相比，此次兼并浪潮的形式呈多样化倾向，没有哪一种兼并形式占主导地位。实际上，此次兼并浪潮中包括横向兼并、纵向兼并和混合兼并多种形式（宋养琰，2008）。

2.1.4 日本兼并重组史分析

1. 第一次兼并浪潮

第二次世界大战结束后，经过 1946～1950 年的恢复阶段以及 1951～1960 年实施各种产业的合理化计划，日本在 20 世纪 60 年代和 70 年代经历了第一波兼并，当时其经济迅速增长。自 1947 年日本通过《禁止垄断法》之后，平均每年的公司合并数逐年增长。为了铲除日本财阀的权力，1950 年日本修订的《贸易法》限制了股东大会的权力，加强了董事地位。为了防止敌对的海外收购，日本公司曾经互相持股，而股东完全不干预公司的运作。但是，在 20 世纪 60 年代和 70 年代之间，出于经济开放和愿意参加国际竞争的目的，日本再次回到了国际社会，贸易交换和资本的自由化鼓励了跨国并购。此外，生产技术的创新、新产品的开发以及管理水平的提高已成为企业合并的原动力。同时，政府积极推动和参与了某些企业合并和收购项目（钱家骏，1989）。

2. 第二次兼并浪潮

自 20 世纪 90 年代以来，随着泡沫经济的破裂和持续的经济危机，日本开始了以公司合并为中心的新一轮产业结构调整，这种结构一直持续到 20 世纪 90 年代上半年。20 世纪 80 年代中期后，日元在西方国家的压力下不得不大幅升值，日本的直接投资，特别是在美国的并购急剧增加。当时，泡沫经济处于鼎盛时期，导致国内并购也剧增。但是，在 20 世纪 90 年代，以企业重组和提高公司质量为重点的商誉合并和收购占据了主导地位，大公司合并成为主流。由于内部和外部环境的深刻变化，这次合并浪潮具有与第一次并购浪潮不同的显著特征：第一，大公司之间的合并已成为主流；第二，这种合并趋势与当时的国际合并峰会密切相关，并显示出国际联系；第三，公司合并的失败率增加了，这种失败率不仅发生在日本，而且还发生在欧洲和美国；第四，日本的并购活动呈现出向外活跃的趋势。2006 年，全球第三大烟草公司收购了世界第五大烟草公司英国加拉赫集团（British Gallaher Group），为日本公司进行海外收购创造了纪录；2007 年初，软银沃达丰收购了英国沃达丰日本公司，其中五笔最大的收购都是针对海外公司的，海外公司已成为日本公司提高企业国际竞争力的重要方法和途径（冯剑等，2009）。

3. 日本企业第三次并购浪潮

在 20 世纪 90 年代初期日本泡沫经济崩溃之后，日本经济陷入衰退，企业效率下降，企业对投资的热情降低，并购数量减少。在 20 世纪 90 年代中期至后期，随着日本结构改革的不断发展，日本政府逐步放宽了许多领域的法规，使合并和收购变得更加容易。此外，自 2002 年以来，日本经济有所改善，企业收入有所增加，日本银行的长期宽松金融政策也使企业业绩有所改善。由于债务、人力和设备过多，许多公司渴望出国寻找商机。因此，2002～2006 年，企业并购的数量呈逐年上升的趋势。在 2008 年的全球金融危机中，当公司破产时，许多公司的股票价格被削减了一半，而日本公司的热钱又再次流向了海外（杜立辉，2008）。

2.1.5　韩国兼并重组史分析

自 1990 年之后亚洲金融危机爆发以来，一些受影响的东南亚国家和韩国加快了经济改革，并进一步开放了国内市场。

促成韩国进行跨国并购的一个因素是国内的经济衰退问题。20 世纪末期的韩国由于之前的经济体系出现问题而爆发了经济和金融危机。在此次危机背景下，本地的许多企业难以为继，只能卖出公司资本资产，但也因为这些交易使得海外资本能够通过购买这些资产而快速进入韩国并发展起来。

除了海外资本的主动进入，韩国政府在危机发生后也调整了社会经济体系。1998 年初上台的新政权将企业兼并重组作为发展新经济体系的主要措施，具体措施包括但不限于对海外优秀企业出售本国企业的公司股票，跨国进行交流经营并给出了具体实施原则，以快速解决国内企业的高负债困境。为了让国外发达国家企业更快进入韩国投资，政府还给出了大量优惠政策，这些政策的实施也为韩国跨国并购的发生建立了友好的环境。

金融危机后，韩国政府通过采取许多新措施，积极吸引外国投资，以妥善管理外国直接投资的工业投资并改善投资环境，主要措施有：放松对某些行业的投资管制。危机发生后，韩国政府将不完全对外国资本开放的行业降低到 31 个，剩下行业可允许外国企业及投资者自由投资。

同时对外国人投资国内股份制企业的国有企业程序进行简化调整，放松诸多投资限制。为了进一步推进跨国兼并，政府支持国内大型企业集团向国外知名企业发行债券并且售卖股票。到了 20 世纪末期，更是允许外国投资者自由购买韩国金融机构在国内外发行的各种金融债券短期金融商品及各种期票，允许外资银行及证券公司在韩设立分支机构、雇用韩国职员，鼓励外国投资者购买国内土地办厂或并购企业。还规定拥有外资注入企业时间达到一年后可以在银行享受贷款优惠。

另外，韩国根据经济发展情况，列出更能吸引外资注入的国内行业领域。为了加快经济复苏，优化本国企业内部结构及管理不善等问题，政府划取十余个重点行业，包括金融行业、信息通信行业、旅游行业、石油行业等，并给予这些行业相关政策等多方面支持。同时，韩国驻外使馆选择了重要的外国公司和在韩国投资的公司，选择的标准是公司享誉全球，并具有出口到韩国的具有国际竞争力的产品。韩国政府还研究颁布了《外国投资促进法》，对知名国外企业、投资者在韩国的投资、办厂等活动给予更多补贴优惠。

这些政策主要有，将优惠减免税项目增加，放松减免税收企业的地理位置限制，除了首都地区外，减免税收优惠依然对在周围企业生产聚集地方投资办厂的外国企业及投资者放开。放宽外资对租赁和购买韩国国有和公有资产的期限，其租赁期从 20 年延长了 30 年。政府积极主动地争取引进外资。韩国政府先后 10 余次派遣由韩国外交交通部和财政经济部高位人士、大学校长及高新技术产业负责人士组成的有关促进外国人投资代表团赴美国、日本等国招商引资。产业资源部还根据经济发展等多方因素划定超过二百个有能力在韩国投资的国际知名企业，对这些企业进行劝说宣传；同时设立"母国投资窗口"，积极吸引韩侨资金，组织开发"旅游投资"，对外宣传韩国投资软环境从而吸引更多优质外资注入（李玉芬，2007）。

韩国跨国并购有如下启示：在进一步发展投资领域，建立稳固完整的资本市场，规范与并购市场有关的法律法规之前，要建立软环境以吸引优质的外资投资。企业强强联合吸引国外直接投资（FDI），可以有效提高国际竞争力，培养该行业与世界知名企业抗衡竞争的能力。跨国并购可以有效调整并且优化本国大型企业，取得更多更加优质的国际投资，从而更好地应对日益激烈的全球化市场竞争。

2.2 各经济体主要并购模式的选择

　　本章节将进一步对一些国家在不同时期使用的并购模式进行总结，理解企业选择这些并购模式的原因。

　　美国公司的并购历史，从合伙企业到信托，再到最新一波并购浪潮，都始于规模经济推动的横向并购，之后演变成纵向并购以降低交易成本，然后在外部环境的压力下不断发展，规模经济促进的多元化并购也可以称为混合并购。

　　可以将美国前四次企业兼并重组浪潮所使用的并购模式与第五次重点使用的战略型兼并重组进行对比。虽然企业在并购浪潮开始阶段也是考虑公司的发展策略才使用横向扩张和垂直兼并重组模式的，但此时公司更注重产业链上下游的整合优化及企业内部组织能力的提升。要想进一步提升企业的优势地位，需要进行混合型并购。而资本主义市场的繁荣发展及控股公司的出现则促使许多企业使用敌意并购模式。再进行到第五次兼并重组时期，企业考虑到跨国经营和长期发展目标，采用了强强联合的战略并购模式（张红海，2008）。

　　强强联合的兼并重组也可以分类在战略性并购中，因为这属于企业为了长期发展目标，进一步发挥企业规模经济的有效性而采取的并购模式。而美国公司在20世纪90年代掀起的跨国界经营生产的热潮，也催动了另一形式的战略并购，即跨国并购的发生。在全球化各国企业激烈竞争的时期，为了获得更高的市场占有率，企业将跨国并购形式作为实现规模经济的手段。

跨国并购也是战略型并购的一种。当时的背景是世界格局在 20 世纪 90 年代后开始发生明显变化，多极化趋势更加明显，而全球化趋势的加深，导致许多大型企业的跨国经营加剧了市场竞争。为了进一步扩大企业经营的范围和规模，跨国并购自然成为了企业占取全球市场的重要方式，通过合并企业取得更多的资金和技术等竞争资产。美国政府放松对企业兼并重组的管制也是促进跨国并购发生的一个重要因素，美国政府从之前反对垄断、兼并等的产业政策管理措施，转移到放松经济管制的产业政策，给许多企业，如通用公司创造了合并其他大型企业的机会。经济一体化带来的交通运输成本的下降，使国际布局的生产发生了变化，也使得跨国经营变得更加有利可图，一些生产要素的成本变化加速了这种并购的发生。对于企业来说，为了寻求规模经济的产生及长期战略发展，跨国并购成为了扩大生产规模、降低平均成本，实现企业战略目的的最佳方式。企业可以通过跨国并购更有效利用全球资源，优化配置、完善产业体系、增强企业竞争力，以及合并其他企业从而获得完整的生产体系技术。跨国并购形成的强强联合，可以进一步扩张企业市场势力，从而更好地抵御市场竞争风险，大规模的资本也方便企业进行新产品的研发和创新，进一步利用资本、技术和人才等生产要素的优势。因此，企业进行跨国并购看重的并不是取得短期经济利润，而是制定长期发展战略，寻求长期稳定发展。

通过前四次大型企业重组浪潮，美国的许多企业整合了资源，扩展了生产规模和市场势力，公司内部组织结构得到优化，能力得到提升。许多企业成长为成熟的大型企业集团，经济市场上公司的治理水平和能力也得到了显著提升。第五次兼并重组浪潮则体现了跨国并购的重要作用，为美国企业进一步提升国际市场竞争力奠定了优良基础。

纵观美国这一百年来的企业重组并购发展历史，企业选择的重组手段按照时间顺序主要体现为：横向扩张并购、垂直并购、混合型重组、企业规模过大而采取的拆分型并购、再到战略并购、最后打破国家壁垒进行的跨国并购。这些模型的发展得到规模经济理论的支持，这些不同时期的并购手段也说明了企业的发展重点：首先是产业链上下游企业的重组调配；其次是企业内部组织的不断扩大推展；最后是寻求国际资源，进行跨国合作的演进。三个维度也可以说是逐步递进发展的，企业所处产业链及上下游企业的激烈竞争促使企业通过并购整合；规模的扩大使得公司内部组织不断扩大，从而使得企业寻求更深层次的混合发展（廖靓，2005；卢文华，2019，王陆，1999）。

西方国家的并购背景及脉络十分相似，德国和英国所使用的并购模式及发展顺序与美国基本相同，并购历史基本上经过了从早期的横向并购，发展到纵向并购，再到多元化的混合并购，并在国际化的环境下发展到跨国并购。

亚洲国家以日本和韩国为例。日本各行业企业的兼并有两种类型：一是直接鼓励产业集中，提高国际竞争力，即为大公司之间的强强合并；二是拯救濒临困境的公司或追求扩张的大中型有实力的企业进行合并，即为大中型企业和小型企业的强弱联合。两种类型在日本传统行业的发展过程中也普遍存在，说明采取强强合作与强弱兼并并存的发展方式非常有效。就强强合作而言，可以在促进产业集中度、结构优化及提高公司的国际竞争力方面发挥重要作用，其对经济的影响远大于强弱合并的情况。强弱兼并方法也同样非常重要，并且这也是大公司履行其社会责任的方法。并购中最需要关注的是兼并的时机、标准以及模式的选择。日本友好并购所占比重比较大，公开收购的模式也渐渐使用在日本企业重组过程中。

与美国并购的历史相似，日本并购的浪潮也趋向于国际化，并且跨国并购变得越来越普遍。首先，从 20 世纪 80 年代中期到 20 世纪 90 年代初，日本本土公司对外国公司的并购活动持续增长。查询日本 20 世纪 80 年代末期的企业并购情况，由于当时许多本地企业开始了国际化经营，而国内经济发展也形势大好，因此日本企业兼并外国企业的趋势不断攀升，平均水平超过 50%。

另外，在经济全球化趋势的企业竞争环境下，从 20 世纪 90 年代下半年到 21 世纪初，国内公司之间的并购数量急剧增加。从 20 世纪 90 年代下半叶到 21 世纪，外国公司对日本公司的并购也显著增加。促进日本跨境并购战略模式的原因是为了保留廉价和高质量的外国资源和廉价劳动力，保留产品在国际市场上的份额，并避免自 20 世纪 70 年代以来欧美国家的贸易限制和贸易中断，国际日元升值，说明国际化是并购史上不可阻挡的趋势，在合适的时间在更有成本、资源、劳动力优势的地区或国家继续发展，是可以借鉴的历史经验（杨丹辉，2004）。

韩国主要是在 20 世纪 90 年代后，由于经济金融危机开始加快对外开放的步伐，发生了大量跨国并购的案例，韩国发生的大量跨国并购使得本国经济得到了复苏和快速发展。而吸引国外优质投资的一个重要方法是让外资参与公司控制权，这可以通过购买企业股票和生产工厂实现。除了购买股票，很多韩国大型企业吸引国外优质投资的另一个方法是与海外大型企业强强联合，组成更有竞争力的企业集团。韩国使用这些模式手段使他们快速吸引了国际投资，也掀起了一波企业兼并重组浪潮（王世谕，2016；续秀梅和王丽丽，1998）。

2.3　各经济体企业并购过程的政府支持与管制政策核心准则

在经济全球化的大背景及跨国并购浪潮不断发展的过程中，各国（地区）政府都采取了适当的指导方针和措施来规范并购和重组。

2.3.1　美国《反垄断法》的实施以服从美国国家利益为前提

美国对企业并购的法律监管是从反垄断法为核心的，许多国家制定反垄断法是以美国的反垄断法为参考的。但要注意它体现的是维护资本主义基本制度的基准，是在兼顾社会总福利要求的前提下实施的，因此有时也会对垄断有宽松的态度。

美国是拥有最完善和最长历史反垄断法的国家。美国国会于 1890 年通过了谢尔曼法案（Sherman Act），以往的研究发现，该法最大不足在于它没有对"垄断"和"限制贸易"做出准确的界定。为了克服这一缺点，美国国会于 1914 年通过了《克莱顿法案》（Clayton Antitrust Act），1936 年通过了《罗滨逊—帕特曼法》（Robinson-Patman Act），该法案强调了对中小型竞争对手的保护，这是较以往法律较大的进步。

随着实践中公司并购的发展，法律也在不断的完善和修订，为了补充反垄断法案，之后美国联邦政府又相继颁布了一系列法案，1950 年颁布的《塞勒—凯弗维尔反兼并法》（Celler-Kefauver Antimerger Act），1976 年颁布的关于合并审查依据的《哈特—斯科特—罗迪诺反托拉斯改进法》（Hart-Scott-Rodino Antitrust Improvement Act），以及 1980 年的《反托拉斯程序修订法》（Antitrust Procedural Improvements Act of 1980）（石建勋和郝凤霞，2012），这些与垄断相关的法律形成了较为完整的反垄断法律体系。但是，由于美国的反垄断法体现了维护资本主义基本制度的目的，并且是在维护大资产阶级利益并考虑到社会整体需求的条件下实施的，因此在实施的过程中首先考虑美国国家利益。对于可以增强国家整体实力的并购，政府持允许或支持态度。为了有效执行反托拉斯法，美国司法部每隔几年发布一次公司合并与收购准则，以衡量哪些合并可以被批准或拒绝。1992 年，美国司法部和联邦贸易委员会这两个反托拉斯机构就共同发布了公司并购指南（聂名华，2003）。

1997 年，美国司法部和联邦贸易委员会还对公司合并与收购准则中的利益问题进行了更改，更清楚地认识到合并与收购的好处，并建议即使特定的合并对竞争有害，只要能证明合并可以抵消这些危害，就可以进行最终合并。例如，在 1996 年底，合并后的波音公司几乎垄断了美国的国内干线飞机销售市场。由于考虑到公司最大的消费者是政府以及保护市场竞争环境的原因，美国政府不仅没有阻止波音公司收购麦克唐纳·道格拉斯公司，还采用了政府采购等手段。因此可以看出，在考虑美国国家利益的前提下，美国政府希望通过一些并购来维持或提高美国企业的竞争力（聂名华，2003）。

2.3.2　英国反垄断实施过程中强调公平竞争

英国的并购法律制度是一种典型的自我监管立法体系，主要通过一系列的自我监管体系来实施证券市场的管理。英国公司并购法律主要包括《公平贸易法》（Fair Trade Act），《竞争法》（United Kingdom-The Competition Act）等。其中，《公平贸易法》（Fair Trade Act，1973）主要用于防止垄断和维护竞争法。

1973 年，英国制定了《公平贸易法》（Fair Trade Act），并建立了合并控制制度和垄断调查制度。1998 年，英国国会通过了《竞争法》（United Kingdom-The Competition Act），该法强调了限制性协议和反竞争行为。2002 年英国制定了《企业法》（Enterprise Act）（石建勋和郝凤霞，2012），该法对新的并购控制制度做了规定，并由此成立了两个独立的执法部门：公平贸易办公室（Office of Fair Trading，OFT）和竞争上诉法庭（Competition Appeal Tribunal，CAT）这两个独立的执法机构主要是支持公平竞争，同时对竞争委员会赋予更多的权力，特别是关于企业合并等事务的决定，就由该委员会做出。到 2014 年，英国政府又废除了竞争委员会和公平贸易办公室，由竞争与市场管理局和金融行为管理局（FCA）取代。总之，英国的反垄断实施过程中主要强调公平竞争（石建勋等，2017）。

2.3.3 德国具有详细的兼并立法、控制程序和实体标准

在德国，对企业兼并的法律控制主要是通过《反对限制竞争法》（以下简称《卡特尔法》）来进行的，这部立法是兼并活动参考的核心准则。这部法律自1957年颁布曾经历五次修订，也因此成为德国企业兼并领域的基本法。此外，对企业兼并进行规定的还有《联邦德国股份公司法》和《德国关于有限责任公司从公司资金中增加资本和合并的法律》（石建勋和郝凤霞，2012）。这些相关兼并立法的法律形成了一个较为完整的体系，详细规定了兼并的控制程序和实体标准，对一定营业额和市场份额导致市场垄断现象做了具体的设定。这些详细的实体标准有助于在反垄断机构执行过程中具有详细的参考依据，能对兼并进行具体、详细、高效有序的调整（段晓娟，1998）。

2.3.4 日本侧重于外资并购及行业准入的监管

日本政府对有益于国民经济发展的兼并活动一直持鼓励态度，随着时间发展，政府对具体的企业并购项目不再过多干预，转而出台有关政策支持，或给予一些指导。20世纪初期，日本政府颁布《商法修正案》和《劳动合同继承法》表明允许企业进行拆分型战略并购。在以上法律的基础上，为降低并购过程中双方公司产生的成本，日本政府又提出企业可以在金融韩国市场上交换证券。20世纪末为了便利并购过程程序和不必要的手续，实施了《禁止垄断法》，7个月后为了支持并购浪潮又颁布了《产业再生法》，进一步完善《租税特别措施法》（钱家骏，

1989）。日本许多法律法规的提出都印证了政府对并购活动的弱干预。1999 年政府在《商法》中提出被并购方公司和并购企业可以交换股票的制度。对企业实行降低税收政策，实施《实业复兴法》。21 世纪初期的《商法修正案》和《劳动合同继承法》，以及两年后颁布的《公司法》，都有效便利了日本企业兼并重组（洪霄烨，2010）。

日本在"二战"后的兼并浪潮发展中，主要特点是政府从主动推动参与到具体并购项目再到仅从法律保障、实施方面为企业开辟道路，并且日本政府较为重视依据法律程序执行监管，对企业兼并的管理，需要有法律可依，这与美国执行反托拉斯法的宽严程度常受当政党派和最高法院法官态度影响的现象形成了对比。企业并购也有明显地从国内并购走向国际化的特征。日本对外资并购的规制从指导原则上服从于国家的产业政策，在法理上服从于禁止垄断法，两者共同作用于对并购行为的规制从而组成了完整的体系。

2.3.5　韩国对外资并购及行业准入的监管

韩国企业并购主要是在经济全球化和金融危机影响下发生的，因此其最大的特点是政府为了加快经济复苏吸引外资和改善当时的国际收支平衡问题，为外资的进入提供了优惠政策，开放了投资领域。但要注意的是，进入韩国市场是有一定条件的，为了将管理权控制在政府手中，韩国采用了政府申报制度，为了对外资并购进行监管，规定了一定的持股比例，并以此方法来保护国内重要行业和核心领域及关键性的技术。

第 **3** 章

全球传统行业并购的模式统计分析

3.1 强弱并购模式

　　强弱并购模式是指大型公司对小型企业的重组，通常是具有相对优势的大型公司集团，它们对实力较弱的本地或国内公司进行合并和重组，在某些情况下也有收购管理不善的海外公司的计划，即挽救那些濒临破产的公司或以迅速发展为目标的大中小型公司的强弱合并。在这种模式下，大公司通常可以利用其市场、技术和管理优势来创造更高水平的原材料供应、生产专业化、研发平台和营销网络的共享，以及对企业文化的人力资源配置，促进双方资源整合。

　　可以说，强弱并购模式下的公司合并和重组在不同的地区和行业进行。其主要特点如下：

　　（1）强弱并购模式发展区域总体而言较为多样，可以跨市、省、国等，具体区域要具体分析并购公司的自身发展情况及并购规划。

　　（2）强弱联合模式的目的是占领被并购公司的本地市场并利用本地资源获得互补利益。同时，并购对资本市场的影响也可以用于融资。虽然与目标公司合并没有扩张规模的好处，但是资源、市场、环境和其他相关因素会为主要合并公司带来收益。优势互补型的并购通常会引起人们对额外收益的期望。

（3）强弱协同模式的并购重组方式是建立在以资产为纽带的基础资源的优化配置上，包括产品生产、原材料采购、营销渠道、技术研究等资源系统的重组。

（4）并购重组的理想状态是实现协同效应和技术溢出效应。如被并购企业所生产产品附加价值的提升、企业利润的上升和科学技术研究能力的增强。

（5）强弱并购模式需要取得当地政府的支持，并且在当地政策的首肯范围内进行比较适宜。要对并购重组后目标企业与当地政府的利益分配机制进行调整，这也是这种模式成功的关键所在。

3.2　强强并购模式

（1）强强并购模式在行业发展到一定阶段后，在市场供求或外部竞争等影响因素下，大公司可持续发展的战略决策。高产能和高市值的大型企业之间通过并购重组，以达到提高产业集中度和企业的国际竞争力的目的。随着具有区域优势的企业集团发展壮大，并购可能会有多种选择，包括同一地区的并购及跨地区的强强并购。

（2）并购的目的是继续扩大规模，以应对经济发展危机，占领国际和国内市场，或者为了实现所有制的转换。

（3）并购的动机是实现战略发展目标并在更高水平上实现规模经济。

（4）并购和重组的手段通常包括交叉持股，股份互换和战略联盟协议等。具体的整合方法包括原材料和半成品的相互调整和供应，采购、销售和物流系统的共享，生产设施的集中维护和加工，生产线的改造以及开发新产品的合作等。

（5）并购的理想状态是生产资源的整合（这其中有改变产品结构，增加产品创造价值、下调生产成本等）和产业结构的优化。

（6）政府在这个过程中可以支持或限制行动。而在发达国家，当此种强强并购案例发生时，政府一般鼓励自由竞争，从垄断规制的角度施加影响力。

上述特点总结如表 3 – 1 所示。

表 3 – 1　　　　　　　两种模式的时机、成本和适用条件

模式	时机	成本	适用条件
强弱并购模式	规模较小的有发展优势的企业规模扩张，从而形成较强势的大型企业；规模较大的强势企业会进一步寻求规模扩张的机会，继续使用并购重组的手段，因此这种并购手段在不同区域、不同产业内都是永远存在的。 大企业寻求阶段性发展、低成本扩张，寻求协同效应，挽救处于困境企业	当期买断成本、后续成本。企业并购后继续运行的成本包括：改造成本、管理成本、机制转换成本，以及隐性成本、债务关联成本。 一般来说，后续成本较大	根据企业战略发展目标和目标企业条件，可以跨市、省、国界并购。 并购双方股票市场形成利好，同时在资源、市场、环境方面形成优势互补。 需要取得当地政府的支持，且在当地政策的首肯范围内进行比较适宜。要对并购重组后目标企业与当地政府的利益分配机制进行调整，实现协同效应和技术溢出效应。比如目标企业所生产的产品附加价值的提升、企业利润的上升和科学技术研究能力的增强。 要切实改变生产要素函数的原材料采购、生产产品、营销方式等投入变量，实现这种以资产为纽带的要素资源优化配置
强强并购模式	产业发展到成熟期、出现一定数量的高产能高市值大型企业后，在市场供求关系，外部竞争压力下，大企业可持续发展的战略选择	在重组整合过程中，原材料和半成品的相互调整和交付，共享采购、销售和物流系统，生产设备的集中维护或维修，生产的重新设计的成本与新产品和技术产品的开发合作成本	同区域或跨区域重组。 目标是扩大规模来应对宏观经济危机、争夺话语权并占领国际国内市场；有时也是为了实现所有制的转换。 实现战略发展目标、追求更高层次的规模经济。 交叉持股、换股、订立战略联盟合作协议等方式。重组后出现产业结构调整、生产资源整合优化（包括产品结构的改善、产品附加值的提高、生产成本降低等）。 政府通常从鼓励竞争，规制垄断方面管理

3.3 全球传统行业企业并购模式数据分析

依托 SDC Platinum 全球并购数据库，收集并整理全球传统行业企业发生兼并重组事件的相关数据，分别从兼并重组概况、兼并重组类型、兼并重组效率三个方面进行描述性统计分析。

3.3.1　兼并重组概况

根据 SDC Platinum 数据库中的全球并购数据，本书对 21 世纪以来全球采矿业、建筑业、制造业、交通运输业等传统行业企业发生的兼并重组事件进行了描述性统计。2000～2020 年，接近 20 年的时间共发生 66103 项兼并重组事件，根据并购方所处国家及地区，本书对并购主体进行了划分，结果如图 3－1 和图 3－2 所示。如图 3－1 所显示，各地区按照发生并购事件数量从高到低排序，依次为北美洲、亚洲、欧洲、南美洲、大洋洲、非洲，与各地经济发展水平大致对应。为识别进行兼并重组的主要经济体，对 2000～2020 年发生在各个国家的兼并重组事件进行统计，得出排行前十的国家，结果如图 3－2 所示，依次为美国、加拿大、中国、英国、日本、韩国、德国、印度、意大利、巴西。其中，我国发生并购事件 9447 件，仅次于美国和加拿大。

根据被并购方所处行业进行划分，得到各行业并购事件数量如图 3－3 所示。其中，发生在采矿业的并购事件最多，累计 23865 件，约占 36%，其次是交通运输业及电力、煤气及水的生产和供应业，并购事件均在 10000 件以上，最后是建筑业、通信业及制造业。

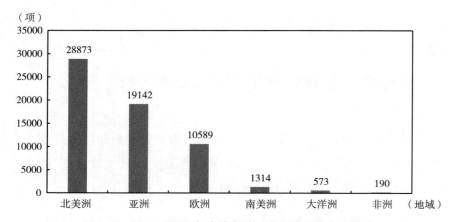

图 3-1　2000~2020 年全球各地区发生的并购事件数量

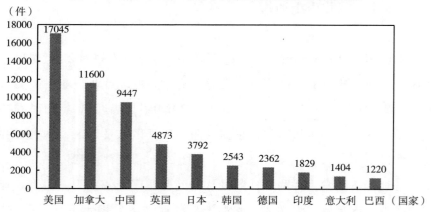

图 3-2　排行前十的国家的并购事件数量

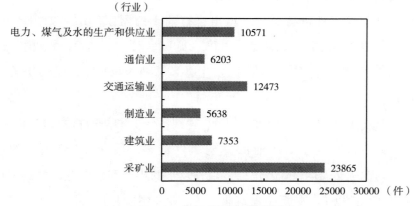

图 3-3　各行业并购事件数量

3.3.2　兼并重组类型

为了进一步总结全球兼并重组的历史经验，对发生的兼并重组事件类型进行划分。按照并购方与被并购方所处国家是否一致，将并购划分为跨境并购与国内并购，其数量及比例如图 3 - 4 所示。可见，国内并购累计 43718 件，占比约为 72%，跨境并购累计 16963 件，占比约为 28%。跨境并购相比国内并购更为复杂，涉及很多经济政策和法律问题，伴随着特殊的风险形式，过去 20 年间国内并购仍然是主流。

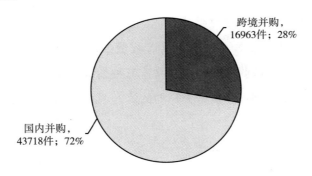

跨境并购，16963件；28%

国内并购，43718件；72%

图 3 - 4　跨境并购与国内并购的数量及比例

根据收购态度，即是否要约，将并购分为协议收购和要约收购。协议收购是收购方与标的方的控股股东或大股东通过友好协商，为完成控制权的转让而订立并签署的股份购买合同，所以协议收购通常表现为善意的；要约收购则是在不需要征得标的方同意的前提下，完成对目标公司全体股东持有股份的收购，因此要约收购又称敌意收购。如图 3 - 5 所示，全球传统行业企业进行的兼并重组有 99% 是善意收购的，仅有 1% 是要约收购，即敌意收购。

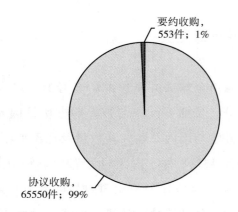

图 3 - 5　协议收购与要约收购的数量及比例

　　根据交易方式将兼并重组分为资产重组、换股收购、回购、股权收购、资产收购、合并等类型，其累计数量如图 3 - 6 所示。资产重组、以股票换股票的换股收购、售后回购这三种兼并重组方式比较少见。常见的并购方式是合并、以资产为标的的资产收购和以股权为标的的股权收购。

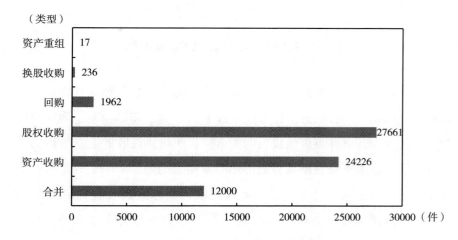

图 3 - 6　不同类型兼并重组事件数量

3.3.3　兼并重组效率

兼并重组对企业来说是一项复杂的活动，存在着失败的风险。通过成功与否和并购完成时间，对全球传统行业企业兼并重组的效率进行研究。首先，图 3 - 7 显示了并购成功与并购失败的事件数量及比例，成功并购的比例约为 59%，并购失败的比例约为 41%。其次，对并购成功的事件，本书统计了其完成并购所需时间，即从宣告并购到完成并购花费的具体时间，统计结果如图 3 - 8 所示。

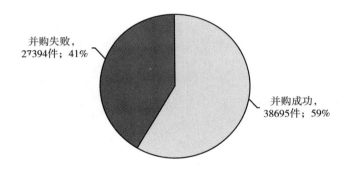

图 3 - 7　并购成功与并购失败的数量及比例

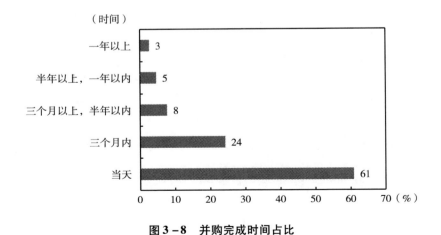

图 3 - 8　并购完成时间占比

　　如图 3 - 8 所示，在所有成功并购的事件中，有 61% 是在宣告当天完成并购的；在三个月内完成并购的占 24%；三个月以上，半年以内完成并购的约占 8%。因此，累计能在半年内完成并购的事件总数占 90%，表明全球并购效率还是比较高的。

第 4 章

中美上市企业并购模式演进的对比研究

本章通过历史数据来总结借鉴国外成熟并购市场发展的经验，进一步探索我国市场发展的路径，主要对中美上市企业并购模式演进进行对比研究，采用规范分析和实证分析相结合的方法，期间从公司层面的并购效应角度出发，对中国和美国企业在不同并购模式下的并购绩效差异进行相关实证研究。

本章在对中美两国并购模式演进进行分析的过程中主要使用了以下四种的研究方法。第一个方法是定性分析法，根据中国和美国 1999 ~ 2020 年的并购数据对两国上市企业并购市场发展规律方面进行分析。其中主要通过图表及表格的绘制实现数据可视化，通过对分类后的数据进行描述性分析，进一步揭示并购模式演进过程中的内在规律。第二个方法是在实证分析部分中使用的定量分析法，在对并购效益方面的研究中主要是从公司财务层面进行了并购绩效的定量分析，通过该方法对并购绩效进行量化可以更加清楚地看到两国并购绩效的差异。第三个方法是因子分析法，由于本书研究的重点是并购后长期绩效的衡量，且考虑有较多财务指标都可以体现并购绩效的好坏，为了更加准确地衡量并购绩效，选用因子分析法。第四个方法是贯穿全文的核心方法即比较研究法，主要比较分析了中美两国上市企业的并购模式及效益等。

4.1
中美上市企业并购模式对比分析

4.1.1　数据来源与样本筛选

本书关于中美上市企业并购模式的数据均来源于 WRDS 数据库中的 SDC 数据库和 BVD 中的 Zephyr 数据库，并购绩效部分的财务数据来源于 BVD 中的 Osiris 数据库。SDC 数据库是业界知名的数据库产品，涵盖债券、股票发行、合并与收购、私募股权市场、项目融资、公司治理及更多相关资料。

在分析中美两国企业并购模式的演变情况时，本书选取了 1999 ~ 2020 年中国和美国上市公司作为并购方的并购数据，其中选取的样本是已经完成并购交易的公司，剔除了未完成并购交易的公司，并购类型选择了收购和合并两种类型。最终从 WRDS 数据库中筛选得到美国 15383 起并购事件和中国 13974 起并购事件，从 Zephyr 数据库中筛选得到美国 24339 起和中国 8320 起并购事件。以此作为两国企业进行并购模式演进数据分析的样本。

为了进一步就中国和美国的并购模式演进方面进行对比，本书对发生的并购事件按照不同并购类型进行划分。在关于并购模式的判定方面，为了从数据库中整理出不同并购模式下的数据，本书选取了以下几个指标：收购方国家代码、目标方国家代码、收购方中观行业描述、目标方中观行业描述、收购方宏观行业描述、目标方宏观行业描述、支付手段、交易 ID 等。不同并购模式是通过收购方行业和目标方行业的标准行业分类代码（SIC 代码）进行匹配来划分的。

在下文并购绩效部分的实证研究中，数据选取过程如下：首先在

Zephyr 数据库中筛选获得 2016 年发生并购的收购方企业作为样本，并用样本企业的 BvdID 与 Osiris 数据库进行链接，相对应选取了样本企业用来评价并购绩效的财务指标，以 2016 年发生并购的案例为基准年份，选取了并购前一年、并购后三年样本企业相关的财务指标。样本筛选条件包括以下几点：第一，选取的并购活动均是已完成的并购；第二，并购方企业均为上市公司；第三，若样本企业在同一年有多次并购，只选取一次进行记录。其次兼顾到收购公司财务数据的可比性，剔除了金融行业企业、剔除了财务数据不完整的企业。最后筛选得到 141 家美国企业和 124 家中国企业作为本书的样本。

4.1.2　中美上市企业并购发展概况

1. 中国上市企业并购概况

图 4-1 是 2000~2020 年，我国和全球上市企业（并购方）并购数量及并购总值的演进图。首先从全球层面来看，在近二十年上市企业并购市场上，全球上市企业并购在 2007 年达到高峰，2008 年后并购活动开始减少，随后在 2013 年并购市场开始恢复活力，2015 年并购交易额达到 1615371 百万美元创下新高，2017 年企业并购交易数量达到 4266 起，达到了前所未有的高度，2019 年之后交易数量和交易额都呈下降趋势，2020 年由于新冠疫情的影响，叠加政治环境的动荡影响，全球并购数量和并购额双双下滑，并购市场上交易额和交易数量为近二十年最低。回顾全球并购发展历程，全球上市公司并购市场的加速发展也促进了我国上市公司并购市场的发展，更多公司通过跨国并购学习并完善了生产环节的核心技术。

我国企业并购市场发展较国外相比来说发展较晚，直到 1984 年第一起公司并购活动才得以开展。在 2008 年全球经济危机之后，我国海

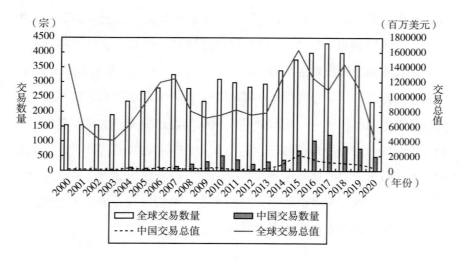

图 4 - 1　中国及全球上市企业并购概况

外并购呈现出显著增长的趋势，这是由于国内经济环境向好，经济加速发展促使并购市场也快速发展起来，随后几年，我国上市企业并购市场上的监管政策更加完善，鼓励企业进行并购。在行业方面，移动互联、生物工程、人工智能等新兴行业兴起之时，我国并购市场逐渐发展活跃。

图 4 - 2 是中国上市企业从 2000 ～ 2020 年并购数量及交易价值的演进趋势，可见 2001 年中国加入世界贸易组织（WTO）后，国内经济发展环境和对外经济贸易环境都有了很大的改善，并购活动呈现出市场化发展模式；2003 年上市企业并购市场发展起步，2004 年并购事件在我国初见规模，但 2005 年由于我国国内证券市场处于低迷状态，企业并购数量较少；2006 ～ 2010 年并购交易数量整体保持上升趋势，在 2010 年和 2017 年都相对达到了并购的高峰；2013 年，我国政府提出"一带一路"倡议后，该举措对企业并购的数量和广度都产生了巨大的影响，上市企业并购市场上掀起了一波新的并购浪潮，同时这一时期的"走出去"战略等国家政策对并购市场大力支持，跨境并购也进入黄金发展阶段；2014 年起上市企业国内并购进入黄金时期，开始井喷式发展，同时当年我国成为第二大对外投资国，促使我国企业跨境并购市场也开始繁

荣发展，进而带动了我国总体并购交易量大幅度上升。其中，2017 年完成了 1206 起并购，较 2010 年的 467 起并购，实现了 158% 的增长率，这段时期虽然并购交易数量很高，但并购交易中整体交易金额偏低，主要原因是并购活动主要集中在小型企业之中，呈现小而散的特点，个体交易金额虽然低但总体上也保持上升趋势。从 2012 年开始中国和全球的并购数量演进趋势基本保持一致，随后我国上市企业并购交易额和数量都加速增长，2015 年交易额创历史新高，达到 2001.66 亿美元，但 2018 年股指下跌、政府整体对并购的监管趋势严格使得市场活跃度下降，随后并购数量一直呈下降趋势，其中中美贸易摩擦是导致 2018 年和 2019 年并购交易数量减少的重要原因，而 2020 年受新冠疫情影响，并购市场发展受限，全年并购数量创近五年最低数量。

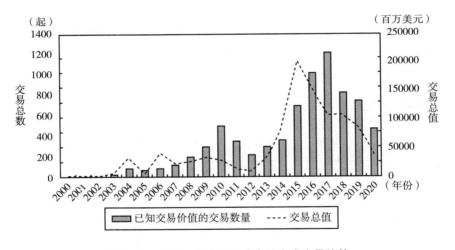

图 4 - 2　中国上市企业并购市场完成交易趋势

根据表 4 - 1 的统计数据，本书认为可以将我国上市企业并购市场划分为四个发展阶段。2000～2007 年为并购市场初步发展阶段：上市企业并购市场开始活跃，国外企业初步在国内开展并购活动，导致国内市场竞争激烈，我国企业为了稳定市场份额开始以并购作为发展战略，并购市场上并购事件的数量及金额逐步提升。2008～2013 年并购市场进入稳定发展阶段：以 2008 年初全球发生的金融危机事件为标志，上市企业并购市场进入了新阶段，与美国等国家不同，我国在全球金融危机时并购数量保持上升趋势，但并购交易金额逐渐减少，这表明本阶段并购规模开始扩大，许多小微型上市企业加入并购市场，这也是并购市场趋于稳定发展的信号。2013～2017 年并购市场进入快速发展阶段：中小企业的并购活动受到政府政策的支持鼓励，并购规模开始扩大，并购市场蓬勃发展，这段时期内整个市场呈现出持续扩张的态势，并购数量和并购交易额全球占比都大幅度上升，直到 2015 年并购交易额全球占比超过 12%，并在 2017 年并购规模最大。2018～2020 年并购市场进入降温阶段：无论从政策还是市场发展的环境来看，并购市场都面临了较大的竞争压力，国际市场上企业的并购交易受到中美贸易摩擦的影响，2020年全球经济发展受到新冠疫情的冲击，导致并购市场上数量和交易金额都呈现下降趋势。总结来说，并购市场的逐步发展也代表我国资本市场的发展更加全面完善，同时可以认为并购也已经成为我国上市企业实现自身发展目标的重要手段之一。

表 4 - 1　　　　　2000～2020 年中国上市企业并购完成情况

年份	上市企业并购交易数		上市企业并购交易额		平均交易额（百万美元）
	总数（宗）	占全球比（%）	总值（百万美元）	占全球比（%）	
2000	4	0.26	1948	0.14	487
2001	11	0.72	1568	0.26	143
2002	7	0.46	2024	0.48	289
2003	34	1.81	7506	1.85	221
2004	92	3.98	33497	5.57	364
2005	76	2.87	5877	0.66	77
2006	90	3.26	41687	3.54	463
2007	133	4.14	23896	1.95	180
2008	201	7.34	27835	3.48	138

续表

年份	上市企业并购交易数		上市企业并购交易额		平均交易额（百万美元）
	总数（宗）	占全球比（%）	总值（百万美元）	占全球比（%）	
2009	299	12. 77	34105	4. 84	114
2010	497	16. 22	28728	3. 84	58
2011	346	11. 75	14108	1. 73	41
2012	220	7. 83	11904	1. 60	54
2013	299	10. 29	33554	4. 35	112
2014	368	10. 92	83092	6. 75	226
2015	692	18. 49	200166	12. 39	289
2016	1007	25. 54	146840	11. 89	146
2017	1206	28. 27	106341	9. 92	88
2018	814	20. 68	105975	7. 46	130
2019	744	21. 20	84314	7. 63	113
2020	532	20. 26	38336	9. 20	83

2. 美国上市企业并购概况

　　图 4 - 3 是中美两国上市企业从 2000 ~ 2020 年并购数量及交易价值的演进趋势图。美国作为并购第一大国，其并购市场发展有超过百年的历史，2000 年左右并购市场发展变化波动较小，随后美国并购市场于 2003 年重新开始活跃，美国上市企业并购市场进入新的发展阶段，企业之间"强强联合"现象明显增加，并于 2006 年达到高峰，美国上市企业并购总金额达到 4598. 04 亿美元，之后在 2008 年全球爆发金融危机后并购市场逐渐低迷。2010 年后并购市场恢复活力，并购交易额也开始上升，但 2011 年美国发生债务危机，并购市场发展环境恶化，导致 2012 年并购金额下降，紧接着在 2013 年开始并购市场开始回温，在 2014 年和 2015 年并购数量和并购额均达到最高值。2015 年后，美国政府开始制定反对多边自由贸易协定等，逆全球化趋势明显，上市企业并购市场

发展受到影响，并购数量大幅度缩减，2020 年由于全球经济发展受到新冠肺炎疫情的冲击，资本市场中上市公司的并购交易也急速下降，创下近 20 年最低的并购数量和并购金额。上述结果说明了并购市场的活跃度与外部市场环境密切相关。

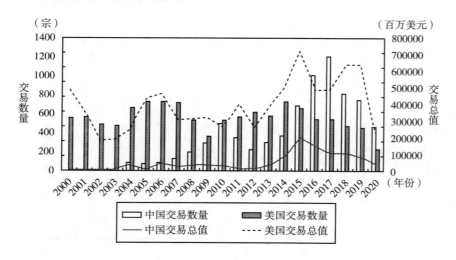

图 4 - 3　中国和美国上市企业并购市场完成交易趋势

3. 中国和美国并购概况对比分析

　　基于前文对中美两国并购市场演变趋势的分析，将中美两国并购市场的发展情况进行对比可知，在 2000 年经济全球化、贸易投资自由化的背景下，中美两国上市企业并购交易市场都有了较好的发展，可以发现中国和美国并购发展趋势与经济周期密切相关，在经济处于繁荣时期时并购市场也较为活跃，反之则并购市场低迷，由此可见，两国并购市场的发展过程中顺周期性的特点明显。就并购交易数量来说，2009 年以后，我国上市企业并购交易数量持续保持增长，从 2014 年开始，并购数量大幅攀升。2014 年可视为分水岭，在 2014 年之前，美国并购交易的数量一直高于我国的并购数量，但在 2014 年后，我国经济转型发展为上市企业并购市场的发展提供了机遇，我国交易数量超越美国的交易数量，在 2017 年我国并购数量约为美国的 2.23 倍。但在并购交易额方面，美国的交易总值远远高于我国的交易总值，主要原因是美国近些年的并购主要是以大型企业并购为主，我国则是以中小型企业并购为主。就并购效率而言，本书按照并购宣告日开始到并购完成日的时间差对效率进行衡量，根据数据计算可得，美国一年内完成并购的企业占比为 90.13%，中国占比为 76.55%，由此可见美国近二十年总体的并购效率高于中国的并购效率。

4.1.3　中美上市企业并购模式演进对比

1. 以并购交易行业方向划分

根据国内外学者的研究结论，横向并购是国内外企业并购历史上选择的非常主要的并购模式；当产业链中企业交易费用较高时，企业更倾向于纵向并购；混合并购模式的产生与技术发展密切相关，受新兴行业发展的影响，技术进步使产业间的竞争加剧，此时那些已经发展壮大的企业就会通过混合并购进入新的领域来降低经营风险。

图 4-4 是美国上市企业近二十年三种并购模式数量演进变化趋势图。可以看出，横向并购企业数量占比最大，纵向并购企业占比最少；从演进趋势看，三种模式整体数量都是下降的，2011 年之前三种并购模式变化趋势大体上是一致的，2009~2013 年纵向并购稍有上升，2013 年后当横向并购和纵向并购都在减少时，混合并购却开始呈现上升趋势，并在 2016 年超越横向并购成为主要的并购模式。

图 4-5 是我国上市企业近二十年三种并购模式数量演进变化趋势图。从整体数量演进趋势来看，2015 年前三种模式都呈现上升趋势，尤其在 2013 年后呈现井喷式上升，在 2016 年后整体数量开始下降。从主要的并购模式来看，2013 年以前以横向并购为主，在 2013 年之后混合

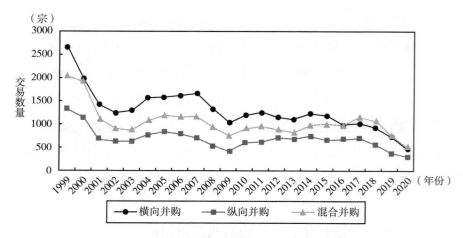

图 4 - 4　美国横向/纵向/混合并购模式演进趋势

并购迅速发展，并购数量迅速飙升，大量企业选择多元化并购，直到 2017 年混合并购占比一直最高。2017 年后混合并购的热潮退散，横向并购数量增多，并购市场以横向并购和混合并购为主；而近二十年来纵向并购数量比例保持在最低水平，变化幅度也相对稳定，可见我国是整体以横向整合、多元化战略为最主要的并购方式。横向并购与纵向并购演进变化的特点说明，我国上市企业并购市场上传统行业及新兴行业内部之间的竞争关系激烈，整体的行业集中度需要进一步提高。

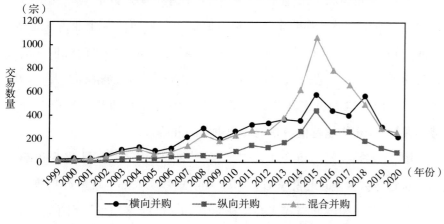

图 4 - 5　中国横向/纵向/混合并购模式演进趋势

综上所述，中国和美国并购模式演变的不同点首先在于总体变化趋势的不同，美国的并购数量越来越少，我国的并购数量呈大幅度上升后下降的趋势；其次在于主流并购模式的不同，美国整体上是以横向并购为核心并购模式，近五年来以混合并购为主，我国则是从 2013 年起就有大量上市公司进行了大规模的混合并购。我国和美国的共同点在于近二十年间纵向并购一直占比较低，同时横向并购在并购市场上占主导核心地位，两国的混合并购模式都是在横向并购不断扩大的基础上迅速发展起来的。

从上述中美两国的并购历程中发现，美国五次并购浪潮中并购模式都在不断变化，从单一的横向并购演进为混合并购、跨国并购、纵向并购等多种并购模式，究其根本可以发现，横向并购是最基础性的并购模式，也是有助于企业实现更高层次规模经济、广度经济及降低交易成本的根本手段。

2. 按照并购对象和支付方式划分

上市企业的并购模式会在上述基本模式的基础上发生进一步的演变。企业并购过程中支付方式灵活，并不断发生变化，国际市场上企业并购交易的支付方式以现金为主，随后发展变化为股票支付及资产支付等混合共存的支付模式。图 4 - 6 和图 4 - 7 是中国和美国并购交易支付方式的分布情况，由数量可见，近二十年中国和美国上市企业并购都是以现金支付为主，股票支付为辅。不同的是美国的支付方式更加多样化，股权支付、资产支付、承债支付等多元化的支付方式较我国占比更大。

回顾学者在并购融资领域方面的研究结果可以发现，我国上市企业并购支付方式存在以下两个问题：一是并购支付方式较为单一，多样化的支付方式相对匮乏，这将在一定程度上制约并购市场化发展的进程；二是与美国等国外成熟资本市场相比，我国并购市场上传统融资方式会因为体制不完善而产生一定的局限性，进而无法满足企业融资需求。

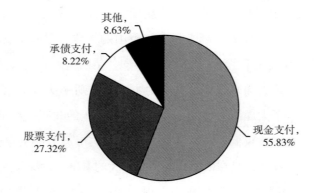

图 4 – 6　美国企业并购支付方式

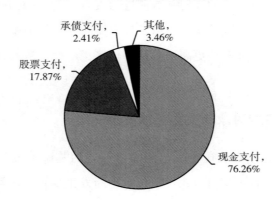

图 4 – 7　中国企业并购支付方式

　　并购支付方式与并购对象密切相关，依据并购对象划分，可将并购活动分为资产并购和股权并购。资产并购是指收购方购买目标公司的资产进而获得目标公司控制权的过程，股权并购是指并购方成为目标公司股东并使得其持股比例发生变化的过程，包括股权转让和增加股本。图 4 – 8 和图 4 – 9 是美国和中国资产并购和股权并购的演进趋势图，由图可见近二十年来美国上市企业并购交易中资产并购的数量一直高于股权并购，整体的并购数量呈下降趋势。而中国上市企业并购交易中股权并购为主要并购方式，进行资产并购的企业数量占比较低，尤其从 2009 年开始股权并购的总量快速上升，于 2015 年达到最大数量，由此可见

中国上市企业并购市场更加热衷于股权并购。

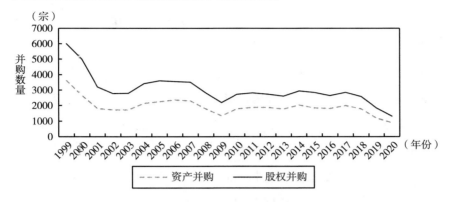

图 4－8　美国并购对象演进趋势

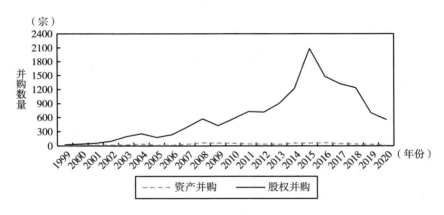

图 4－9　中国并购对象演进趋势

4.1.4　中美上市企业并购行业分布比较

当前我国经济正处于向高质量发展转型升级的过程中，经济环境的发展变化也会推动上市企业并购市场的发展，进而迎来新一轮并购浪潮，当前全球各行业内的企业都在积极进行并购行为。基于这样的发展环境，那些善于在经济转型期抓住并购机遇，选择合适的并购模式进行并购活动的企业将会成为真正的受益者。

　　表4-2是1999~2020年美国和中国上市企业并购活动按照被并购方所属行业进行分类后的分布表。一是美国制造业上市公司并购活动的数量力拔头筹，约占全市场并购交易总量的29.76%；二是计算机等高科技信息技术行业上市公司并购，约占全市场并购交易总量的19.24%；三是金融、保险、房地产等金融领域内上市公司并购，约占全市场并购交易总量的14.15%；四是交通、通信、电力、燃气、卫生服务等服务业上市公司并购，约占全市场并购交易总量的7.15%；五是工程、会计、研究、管理等商业服务企业、批发零售业及卫生健康服务业，其中采矿业、建筑业和农林牧渔业的并购数量占比很少，这三个行业总共约占全市场并购交易总量的4.31%。从过去五轮并购浪潮中的行业轮动表现中不难发现，美国上市企业并购市场上发生并购的行业也在不断地变化，其变化过程充分体现了美国产业结构的变化历程，从最初的采掘业、制造业等工业占主导演进为以高科技、生物医疗、金融等服务行业为主。在近二十年的并购浪潮中，美国上市企业并购主要以新兴产业为主，尤其近些年美国IT行业、医疗和金融领域的企业蓬勃发展，充分展示了美国在这些行业的较强竞争优势。此外，可以发现美国并购市场活跃度与经济环境的好坏及经济周期相顺应。

表4-2　　　　美国和中国1999~2020年上市企业并购行业分布

行业	美国		中国	
	总数（宗）	占比（%）	总数（宗）	占比（%）
制造业	7086	29.76	3575	43.67
信息技术行业	4580	19.24	740	9.04
金融、保险、房地产	3369	14.15	939	11.47
交通、通信、电力、燃气	1702	7.15	651	7.95
其他服务业	1620	6.80	336	4.10
工程、会计、研究、管理	1599	6.72	672	8.21
批发贸易	1198	5.03	545	6.66

行业	美国		中国	
	总数（宗）	占比（%）	总数（宗）	占比（%）
零售业	932	3.91	133	1.62
卫生健康服务业	697	2.93	62	0.76
采矿业	541	2.27	191	2.33
建筑业	378	1.59	186	2.27
农林牧渔	108	0.45	156	1.91

　　对我国 1999~2000 年被并购方所属行业汇总可以发现，制造业企业并购数目总量最多，约占全市场并购交易总量的 43.67%；其次金融、保险、房地产类企业报告的并购数目占比达 11.47%，位居第二；紧随其后的是信息技术行业和工程、会计、研究、管理类，分别占比9.04% 与 8.21%。由此可见，我国上市企业并购交易主要是以制造业为主，并随着新一轮科技革命的冲击，新兴领域行业中的并购也开始快速增加，例如，高新技术材料、人工智能设备、金融行业。其中，自 2015 年起，在中国整体并购交易数持续下滑的过程中，新兴行业领域中的并购持续活跃，更重要的是，在新冠肺炎疫情导致经济整体下行的情况下，新兴行业并购活动的交易数量反而实现了逆趋势增长。对比而言，中国新经济并购则仍在"小步快跑"阶段，可见当前，在我国经济转型的背景下，以制造业为代表的传统行业致力于通过并购解决过剩产能的问题，而计算机智能等新兴行业并购市场也并驾齐驱。从宏观因素来看，近些年并购市场发展迅速可归因为并购管制政策放松、资本市场的发展等。

　　将我国和美国上市企业并购交易行业分布状况对比来看，我国和美国并购活动频繁的三大行业都是制造业、高科技行业和金融服务业，其中制造业占比都是最大的，新经济行业发展的速度是最快的。本书着重关注传统行业如何通过并购进行转型升级，因此为了进一步对比中国和美国制造业方面的差异，将制造业进一步细分，表4－3是美国和中国1999～2020年制造业企业按照主要业务部门进行划分后的并购数量分布情况，其中中国和美国都是计算机软件制造、通信和其他电子设备制造位居榜首。美国测量仪器、精密实验设备制造紧随其后，化学品制造位居第三，工业机械设备制造排第四；中国则是化学品及相关产品制造紧随计算机等电子设备占据第二位，前两项并购数目占比达48.65％，工业机械设备制造位居第三，金属品制造位居第四。

表4－3　　　　美国和中国1999～2020年制造业企业分部门并购总量分布

制造业分类	美国		中国	
	总数（宗）	占比（％）	总数（宗）	占比（％）
食品制造	523	7.34	186	5.20
纺织品、服装	190	2.67	54	1.51
木材制品、家具品	125	1.75	31	0.87
纸制品、出版印刷品	460	6.46	107	2.99
化学品及相关产品	982	13.78	865	24.20
橡胶、皮革、玻璃及石材	384	5.39	230	6.43
金属及金属制品	638	8.95	347	9.71
工业机械设备	719	10.09	422	11.80
计算机等智能电子设备	1496	21.00	874	24.45
汽车、飞机等运输设备	360	5.05	233	6.52
测量、导航系统等实验器械	1158	16.25	206	5.76
其他制造业产品	90	1.26	20	0.56

由此可见，美国和中国虽然都是制造业占比最大，但重点领域分布存在较大差异。21世纪以来，美国制造业产业结构实现进一步的转型升级，将新兴产业研发的技术融合于制造业中，制造业逐步向中高端制造业转移发展。美国制造业中并购活动与高新技术产业发展关系密切，进行并购交易的公司侧重在医药、电子和先进装备制造三大新兴的高研发行业中；而我国并购主要集中在中低端制造业中。

随着我国工业化进程步伐加快，我国制造业在全球的地位不断提升，自2010年起我国就已成为世界上制造业产量最大的国家。对比过去20年中美两国制造业的发展，两国在先进技术设备等高技术制造业领域差距逐步缩小，而在机械设备等中高技术制造业方面，我国发展更为迅速，在2009年超过美国后保持加速发展。虽然我国在并购总量上超越了美国，但是从制造业内部的结构来看，我国制造业仍以中低端制造为主，高端制造占比偏低。由此可见，我国科技创新仍显不足，制造业向高端产品制造的转型升级仍需时日。

4.1.5 中美传统行业上市企业并购模式演进对比

不同行业的企业在发展过程中会选择不同的并购模式。在数字经济时代，传统的行业可以通过横向并购调节产能、增强企业实力、减少恶性竞争；通过纵向并购稳定和扩展原材料供应渠道和产品销售渠道、降低产业链的不确定性、减低交易成本。从历史进程中看，美国工业化进程中大量传统行业中的企业通过横向、纵向并购实现转型升级。

本书接下来将会进一步对近二十年中国和美国以制造业为核心的传统行业的并购模式演进情况进行对比分析。本书选择的传统行业包括制造业中的食品制造、服装制造、金属及非金属材料制造、化学品制造、机械设备制造、运输设备制造，以及建筑业、农业和交通、通信和卫生服务行业等。图4-10是中美两国传统行业近二十年来并购数量演进趋势图，可以看出，在2008年金融危机以前，美国传统行业并购数量远高于我国，我国在金融危机期间传统行业并购呈上升趋势，2010~2015年，中美两国并购数量都保持相对稳定的趋势，2015年之后美国并购数量开始下降．而我国并购数量迅速上升并超越美国，2017~2019年我国传统行业并购交易数量激增，而美国则继续下降。并购模式的选择对企业并购至关重要，不同业务部门选择了何种并购模式来实现企业业务横向或者纵向的扩张值得关注，因此本书下一步将对传统行业不同并购模式的演进情况进行对比分析。

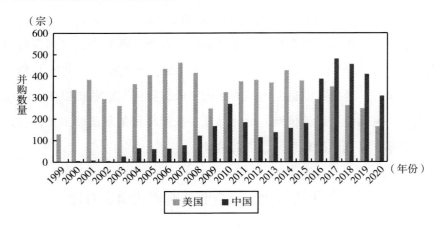

图4-10　中美两国传统行业并购数量演进

图4-11和图4-12分别是中国和美国传统行业并购模式演进图，美国传统企业并购当前仍然是以多元化发展为主流，混合并购模式长年占据首要位置，在金融危机之前混合并购数量增长较快，在2008年后美国传统行业并购数量整体呈现下降趋势，上市企业并购市场热点领域以高端设备制造业及新兴行业为主。

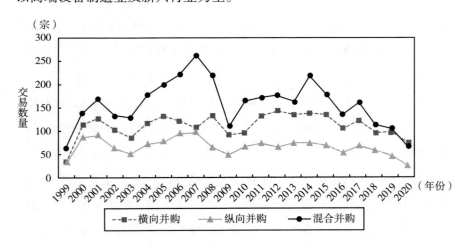

图4-11　美国传统行业并购模式演进

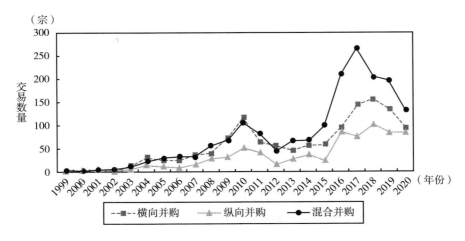

图4-12 中国传统行业并购模式演进

2009年以来，我国从政府层面和企业层面出台多种政策共同推动制造业企业开展并购活动。2014年后，供给侧结构性改革促使经济结构和产业结构转型升级，三种并购模式均大幅上升。其中混合并购发展迅速最快，数量占比最大，可见近几年传统行业是以大量混合并购为主流并购模式。制造业等传统行业迎来了一轮横向并购浪潮来扩大企业规模，与此同时很多传统行业将新兴的高科技技术融于生产制造中，进而迎来了一波混合并购浪潮。

通过对比中国和美国上市企业并购模式的差异，本书认为我国上市企业并购模式主要从横向并购转变为混合并购，通过与美国并购历史相比可以发现，我国并购市场上从横向并购向混合并购发展的过程与美国第一次和第三次并购浪潮的特点相近。虽然两国有相同的并购模式演进趋势，但其背后的推动力有一定差别。美国上市企业从横向并购转变为混合并购的主要原因是"二战"后政府政策的正向干预激发了市场活力、战后科技发展引领一些新兴产业应运而生、公司管理理念发生变化等，综合使得企业多元化并购得到了快速发展；同时"二战"后科学技术加速发展，为企业多元化发展提供了客观条件。而我国多元化并购超越横向并购成为主要并购模式时，从需求层面来说，主要原因是产业结构存在转型升级的需求，尤其是一些生产过剩的传统行业；同时也有很多企业的管理理念发生变化，开始考虑企业长期的发展而不是寻求短暂的利益，因此我国上市企业并购市场出现了大量多元化的并购事件。

由中国和美国三种并购模式的演进趋势来看，企业之间通过并购进行产业整合的过程对上市企业实现长远发展目标及助力产业转型升级具有重要的作用。从行业层面看，中美两国的并购热点都集中在制造业上，两个国家都是全球主要经济体。近年来，美国一直在推动制造业的回归，我国一直在努力推进制造业向中高端领域发展，可见制造业在一个国家的发展中起至关重要的作用，可推断未来两国在制造业领域也将存在一定的竞争关系。但当前我国制造业的发展仍然存在着产品质量问题、生产环节中存在技术瓶颈、技术贸易壁垒加深、产能过剩、管理成本高、全球贸易摩擦加剧等亟待解决的问题。因此，需要充分考虑当前全球市场的新变化和制造业的竞争构成，尤其是需要减弱西方国家制造业回流的影响，为我国制造业发展的转型升级和不断成熟完善提供支持。

4.2 中美上市企业不同并购模式下并购绩效的实证分析

并购是企业快速发展的重要战略之一，企业并购活动具有程序烦琐、规模差异大、处理时间长等特点。然而，并购并不总是成功，失败的并购活动会让企业适得其反，并给其正常的运营带来严重阻碍。在当前我国经济转型的背景之下，不仅要注重并购规模的发展，更要重视并购后的并购效应，而企业更需要成功的并购来加快产业结构调整的步伐，因此将我国和美国上市企业不同模式下并购绩效进行实证计算并对比分析具有一定的现实意义。下文将以中国和美国 2016 年发生并购的事件为基准，进一步确定衡量财务绩效的指标，并根据两国 2016 年的样本企业在并购前后不同年度的财务指标值，对样本企业并购前后的并购绩效进行衡量和对比。

4.2.1　并购绩效的评价方法

上市企业并购的长期绩效，指的是当企业发生并购活动完成一年之后的公司绩效。主要可以通过会计指标或者是资本市场指标来衡量。

通常事件研究法会使用资本市场上的指标进行绩效衡量，使用指标包括公司市场价值、股票收益率等。值得注意的是，事件研究法中的累计异常回报率等通常是用来对企业短期内的绩效进行衡量的。使用这种方法的另一个先决条件是资本市场非常成熟。由于我国资本市场相对不完善，因此，采用发源于衡量西方资本市场的事件研究法衡量上市公司并购绩效并不十分准确。

除了资本市场指标外，我们还会使用财务会计指标来综合衡量企业并购绩效，会计指标法对资本市场成熟度的要求不高，企业财务指标的种类繁多，指标的意义及计量单位也不一致，因此本书选择会计指标法并通过使用因子分析法来衡量企业并购绩效。

4.2.2　综合得分模型构建

1. 因子分析法

因子分析法的核心是简化数据，其基本原理是：将相关性高的几个变量通过方差贡献率进行提取，将多个变量归为一类，定义为一个因子，大量指标实现降维。最后，使用独立和不可观察的因子变量来解释许多原始变量之间的关系。其中，最后提取出的因子变量是一个不可直接观测的抽象变量。

2. 评价指标确定

本书以 2016 年发生并购活动的样本公司为基准，选取了样本企业并购前一年、并购当年、并购后三年相关的财务数据作为企业并购绩效的评价指标，所考察的财务绩效指标来源于收购公司的会计信息，本书为了从尽可能多的方面将企业并购绩效全面地反映出来，选取的绩效评价指标包括净资产收益率（ROE）、资产收益率（ROA）、每股收益、利润率、流动比率、速动比率、净资产周转率、每股收益同比增长率、主营业务收入同比增长率等。

所有财务指标数据均来源于 BVD 中的 Osiris 数据库，所选取企业的并购活动均是已完成的并购且收购方企业均为上市公司，若样本企业在同一年有多次并购，只选取一次进行记录，为了兼顾收购公司财务数据的可比性，我们剔除了金融行业企业、剔除了财务数据不完整的企业，最后筛选得到 141 家美国企业和 124 家中国企业作为本书研究的样本企业。

3. 模型的构建

综合得分模型构建步骤如下：

第一步，以中美两国 2016 年完成并购的上市公司作为样本，得到原始财务指标矩阵。

第二步，原始数据标准化。很多财务指标由于不同变量自身的量纲不同，数量级存在较大差异，在进行综合评价时，为了保证可比性，需要在实证检验前将所有指标进行标准化，使得最后得到的综合得分更加合理且具有可比性。其中进行数据标准化的方法是标准差标准化法。

第三步，检验变量。用 KMO 和巴特利特球型检验来检验数据，当

KMO 统计量在 0.7 以上时，分析效果较好；KMO 统计量在 0.5 ～ 0.7 间虽反映变量间的相关程度可能不太高，但不会对因子分析模型的完善性造成太大影响，仍可以进行因子分析。

第四步，计算公因子方差贡献率，并在此基础上选取因子，最后计算因子得分。这里一般要求因子方差贡献率之和不小于 75%，进而计算因子得分。

第五步，构建综合得分模型。将估计出的因子得分作为变量构建综合得分模型并计算综合得分。综合得分函数模型如下：

$$F_i = (b_{i1}X_{i1} + b_{i2}X_{i2} + b_{i3}X_{i3} + \cdots + b_{ij}X_{ij})/B_i \qquad (4-1)$$

$$B_i = b_{i1} + b_{i2} + b_{i3} + \cdots + b_{ij} \qquad (4-2)$$

其中，i 为样本，j 为因子，综合得分是因子方差贡献率与因子得分相乘后累加所得。

第六步，将样本企业按照不同并购模式划分，进而比较不同并购模式下样本企业并购前后综合得分的变化，以及三种并购模式之间并购绩效的差异。

4.2.3　实证检验

1. 因子分析可行性检验

本书将以中国和美国 2016 年并购样本企业为例描述用因子分析法求得企业综合绩效得分的过程。并购前后其他年份的并购绩效衡量采用同样的方法和过程，其中对并购前后年度企业绩效衡量时使用的样本企业同样都是 2016 年发生并购的企业。根据不同年度不同的财务指标值进行综合绩效得分的计算，并根据样本企业的综合绩效得分均值代表当年的企业绩效，随后将样本企业按照不同并购模式进行分类，从而进一步对不同模式下并购绩效进行对比分析。

（1）可行性检验。

进行可行性检验的目的主要是为了判断各项财务指标是否适合进行因子分析。

本书对美国和中国样本企业并购前一年、并购当年、并购后两年的数据进行了可行性检验。2016 年两国的可行性检验结果如表 4 - 4 和表 4 - 5 所示。

表 4 - 4　　　　　　　　美国 2016 年 KMO 和 Bartlett 检验

KMO 度量		0.547
Bartlett 球形度检验	近似卡方	2255.902
	df	78.000
	Sig.	0.000

表 4 - 5　　　　　　　　中国 2016 年 KMO 和 Bartlett 检验

KMO 度量		0.518
Bartlett 球形度检验	近似卡方	1252.699
	df	91.000
	Sig.	0.000

表 4 - 4 和表 4 - 5 给出了检验结果，其中 KMO 值分别为 0.547 和 0.518，均大于 0.5；同时，巴特利特球形度检验结果显示 P 值均为零，说明各项财务指标各自不独立，存在一定的相关性，适合进行因子分析。其他年份的数据也均通过了可行性检验。

（2）有效性检验。

有效性检验结果如表 4 - 6 所示，根据表中给出的原始变量被解释度和共同度的结果来看，中国和美国 2016 年的初始均值均为 1，即变量可以被解释。同时，在"提取"一栏显示，两国 2016 年的数据共同度都较高，美国 2016 年有最高共同度的是总资产回报率，达到 0.913，中国是营业收入增长率共同度最佳，达到 0.994。这表明两国国家最终因子分析的结果是有效的。其他年份的数据也通过了有效性检验。

表 4 - 6　　　　　　　　　　　2016 年公因子方差

财务指标	美国		中国	
	初始	提取	初始	提取
净资产回报率	1.000	0.905	1.000	0.867
总资产回报率	1.000	0.913	1.000	0.940
流动比率	1.000	0.633	1.000	0.581
速动比率	1.000	0.879	1.000	0.905
总资产周转率	1.000	0.898	1.000	0.954
营业收入增长率	1.000	0.477	1.000	0.994
ROE	1.000	0.836	1.000	0.889
ROA	1.000	0.914	1.000	0.925
净资产周转率	1.000	0.888	1.000	0.836
财务杠杆比率	1.000	0.811	1.000	0.914
每股收益	1.000	0.573	1.000	0.966
利润率	1.000	0.783	1.000	0.786
股票换手率	1.000	0.541	1.000	0.119
净利润增长率	1.000	0.605	1.000	0.745

2. 主成分分析提取主因子

（1）提取主因子。

进一步使用主成分分析法来提取主因子，使用最大方差法进行因子旋转。对中国和美国样本企业 2016 年的财务数据进行因子旋转后，由结果可见，两国均提取四个成分定义为公共因子。中国和美国样本公司 2016 年财务指标数据的因子方差解释情况如表 4 - 7 和表 4 - 8 所示。

表 4 - 7　　　　　　　　　　中国 2016 年解释的总方差

成分	初始特征值			提取平方和载入			旋转平方和载入		
	合计	方差（%）	累积（%）	合计	方差（%）	累积（%）	合计	方差（%）	累积（%）
1	5.191	37.078	37.078	5.191	37.078	37.078	4.691	33.509	33.509
2	2.829	20.207	57.285	2.829	20.207	57.285	2.515	17.963	51.472
3	1.654	11.817	69.102	1.654	11.817	69.102	2.337	16.693	68.166

续表

成分	初始特征值			提取平方和载入			旋转平方和载入		
	合计	方差（%）	累积（%）	合计	方差（%）	累积（%）	合计	方差（%）	累积（%）
4	1.046	7.470	76.572	1.046	7.470	76.572	1.177	8.406	76.572
5	0.982	7.012	83.584						
6	0.725	5.178	88.761						
7	0.527	3.766	92.527						
8	0.381	2.724	95.252						
9	0.339	2.423	97.675						
10	0.224	1.601	99.275						
11	0.071	0.506	99.781						
12	0.022	0.160	99.941						
13	0.008	0.057	99.998						
14	0.000	0.002	100.000						

表 4－8　　　　　　　　　美国 2016 年解释的总方差

成分	初始特征值			提取平方和载入			旋转平方和载入		
	合计	方差（%）	累积（%）	合计	方差（%）	累积（%）	合计	方差（%）	累积（%）
1	4.588	35.290	35.290	4.588	35.290	35.290	4.054	31.182	31.182
2	2.342	18.016	53.306	2.342	18.016	53.306	2.260	17.385	48.566
3	2.073	15.947	69.253	2.073	15.947	69.253	2.194	16.879	65.445
4	1.598	12.291	81.545	1.598	12.291	81.545	2.093	16.100	81.545
5	0.946	7.277	88.822						
6	0.599	4.608	93.430						
7	0.518	3.983	97.413						
8	0.137	1.054	98.467						
9	0.106	0.813	99.280						
10	0.071	0.544	99.824						
11	0.017	0.131	99.955						
12	0.004	0.034	99.989						
13	0.001	0.011	100.000						

　　表 4 - 8 给出了所有变量的特征值和主因子的贡献率情况，主因子提取结果表明：中国和美国并购当年即 2016 年均只有前四个因子的特征值大于 1，且两国前四个因子的特征值占比分别为 76.572% 和 81.545%。因此提取前四个因子作为主因子。

　　（2）因子命名。

　　为了更好地解释主成分分析法提取出的主因子，采用最大方差法进行因子旋转，为了使结果更加清楚，将旋转后成分矩阵图中的成分按照由大到小的顺排列并隐藏了成分小于 0.3 的值。根据成分矩阵图可知，在因子旋转后，先前原始变量的共同度无变化，主因子累计贡献率也没变。两国 2016 年旋转后的因子载荷矩阵如表 4 - 9 和表 4 - 10 所示。

表 4 - 9　　　　　　　　　　　　　中国 2016 年旋转成分矩阵

变量	成分			
	1	2	3	4
净资产回报率	0.946			
ROE	0.939			
ROA	0.906	0.322		
总资产回报率	0.904	0.309		
每股收益	0.671			
利润率	0.625		- 0.563	
速动比率		0.864		
财务杠杆比率	- 0.524	- 0.731		
流动比率		0.655	- 0.343	
营业收入增长率		- 0.617		
总资产周转率			0.920	
净资产周转率			0.906	
股票换手率				0.711
净利润增长率				0.688

表 4-10   美国 2016 年旋转成分矩阵

变量	成分			
	1	2	3	4
ROA	0.916			
净资产回报率	0.916			
ROE	0.910			
总资产回报率	0.864			0.418
利润率	0.850			
速动比率		0.945		
财务杠杆比率		-0.857		
流动比率		0.758		
营业收入增长率				0.979
净利润增长率				0.977
净资产周转率			0.974	
总资产周转率			0.968	0.418
每股收益			0.326	

表 4-9 和表 4-10 是经过最大方差旋转后的载荷矩阵结果，提取出来的各个因子有较为清晰的含义，可以对其进行因子的命名。根据表中各个因子的载荷分布情况，对因子进行以下命名，第一个因子定义为获利能力因子 Y_1；第二个因子定义为偿债能力因子 Y_2；第三个因子定义为运营能力因子 Y_3；第四个因子定义为发展能力因子 Y_4。

接着，根据经过旋转后的成分得分系数矩阵得到每个样本公司在 4 个主因子上的因子得分。随后以此得分为变量构建综合得分模型，计算综合得分。以便更为直观和清晰地评价样本公司并购绩效，中国和美国并购当年各指标旋转成分得分系数如表 4-11 和表 4-12 所示。

表 4-11   中国 2016 年旋转后成分得分系数矩阵

变量	成分			
	1	2	3	4
净资产回报率	0.225	-0.096	-0.007	0.006

变量	成分			
	1	2	3	4
总资产回报率	0.184	0.041	0.008	−0.027
流动比率	−0.026	0.24	−0.102	−0.237
速动比率	−0.04	0.352	−0.033	−0.052
总资产周转率	−0.01	0.139	0.429	−0.023
营业收入增长率	0.12	−0.359	−0.208	−0.286
ROE	0.22	−0.08	−0.017	−0.002
ROA	0.185	0.043	0.000	−0.042
净资产周转率	0.016	0.008	0.392	0.036
财务杠杆比率	−0.033	−0.298	−0.082	−0.071
每股收益	0.179	−0.146	0.066	−0.066
利润率	0.148	−0.039	−0.256	0.057
股票换手率	−0.085	0.145	0.084	0.643
净利润增长率	0.052	−0.112	−0.051	0.559

表 4 – 12　　　　美国 2016 年旋转后成分得分系数矩阵

变量	成分			
	1	2	3	4
净资产回报率	0.242	−0.043	−0.062	0.018
总资产回报率	0.187	0.026	0.098	0.004
流动比率	−0.01	0.34	−0.031	−0.025
速动比率	−0.006	0.419	−0.004	−0.022
总资产周转率	−0.021	−0.017	0.007	0.464
营业收入增长率	−0.079	−0.033	0.494	−0.048
ROE	0.255	−0.021	−0.121	0.011
ROA	0.225	0.035	−0.003	0.012
净资产周转率	−0.022	−0.041	−0.001	0.469
财务杠杆比率	−0.018	−0.387	0.064	−0.107
每股收益	0.004	0.047	−0.061	0.163
利润率	0.243	0.011	−0.106	−0.089
净利润增长率	−0.075	−0.033	0.491	−0.047

　　根据表4－11和表4－12成分得分系数矩阵，其中中国四个因子得分方程如下，美国因子得分也都同理可得。

$$Y_1 = 0.225X_1 + 0.184X_2 - 0.026X_3 - 0.040X_4 - 0.010X_5 + 0.120X_6 + 0.220X_7 + 0.185X_8 + 0.016X_9 - 0.033X_{10} + 0.179X_{11} + 0.148X_{12} - 0.085X_{13} + 0.052X_{14}$$

$$Y_2 = -0.096X_1 + 0.041X_2 - 0.24X_3 - 0.352X_4 - 0.139X_5 - 0.359X_6 - 0.08X_7 + 0.043X_8 + 0.008X_9 - 0.298X_{10} - 0.146X_{11} - 0.039X_{12} + 0.145X_{13} - 0.112X_{14}$$

$$Y_3 = -0.007X_1 + 0.008X_2 - 0.102X_3 - 0.033X_4 + 0.429X_5 - 0.208X_6 - 0.017X_7 + 0.00X_8 + 0.392X_9 - 0.082X_{10} + 0.066X_{11} - 0.256X_{12} + 0.084X_{13} - 0.051X_{14}$$

$$Y_4 = 0.006X_1 - 0.027X_2 - 0.237X_3 - 0.052X_4 - 0.023X_5 - 0.286X_6 - 0.002X_7 - 0.042X_8 + 0.036X_9 - 0.071X_{10} - 0.066X_{11} + 0.057X_{12} - 0.643X_{13} + 0.559X_{14}$$

3. 因子分析法构建综合得分模型

　　通过以上因子得分方差，计算得出中美两国样本企业在并购当年、前一年、后两年在主因子上的得分并构建综合绩效得分函数。中美两国样本企业并购前一年、并购当年和并购后两年的综合得分模型如下，其中角标是代表年份。

　　（1）中国综合得分模型。

$$F_{15} = (36.489Y_1 + 16.887Y_2 + 13.817Y_3 + 8.377Y_4)/75.570$$

$$F_{16} = (33.509Y_1 + 17.963Y_2 + 16.693Y_3 + 8.406Y_4)/76.572$$

$$F_{17} = (33.739Y_1 + 21.263Y_2 + 18.333Y_3 + 7.252Y_4)/80.587$$

$$F_{18} = (40.762Y_1 + 18.092Y_2 + 14.157Y_3 + 8.608Y_4)/81.620$$

　　（2）美国综合得分模型。

$$F_{15} = (31.178Y_1 + 18.315Y_2 + 16.727Y_3 + 7.843Y_4)/74.063$$

$$F_{16} = (31.182Y_1 + 17.385Y_2 + 16.879Y_3 + 16.100Y_4)/81.545$$

$$F_{17} = (31.001Y_1 + 18.466Y_2 + 16.179Y_3 + 9.555Y_4)/75.201$$

$$F_{18} = (37.980Y_1 + 17.520Y_2 + 15.575Y_3 + 8.268Y_4)/79.343$$

样本中每个企业可以根据上面的综合得分模型，计算企业在各期获得的综合绩效得分，接下来将划分不同并购模式进行绩效变动情况的分析。

4.2.4　实证结果及原因分析

首先，计算各模型并购前后综合得分的算术平均值；其次，求得美国和中国所有样本企业在三种不同并购模式下并购前后的平均分，取该平均值来观察企业并购绩效的波动情况。

1. 美国上市企业不同模式下并购绩效

表 4 - 13 是对美国发生三种模式下样本企业综合得分的描述性统计，进一步通过各并购模式下综合得分均值来反映并购绩效。图 4 - 13 反映了在三种并购模式下，美国上市公司综合得分均值的变化情况，以及对美国上市企业三种并购模式下并购绩效综合得分变化趋势及其原因的分析。

表 4 - 13　　　　　　　美国企业三种模式综合得分描述性统计

综合得分	横向并购			纵向并购			混合并购		
	极小值	极大值	均值	极小值	极大值	均值	极小值	极大值	均值
F15	− 1.210	0.950	0.024	− 1.990	1.300	0.065	− 1.340	1.060	− 0.039
F16	− 0.610	1.030	0.039	− 1.260	3.060	0.101	− 1.930	0.720	− 0.069
F17	− 1.320	0.640	0.003	− 1.250	1.650	0.112	− 2.320	0.830	− 0.062
F18	− 0.930	0.610	0.000	− 0.480	1.280	0.212	− 2.250	0.870	− 0.108

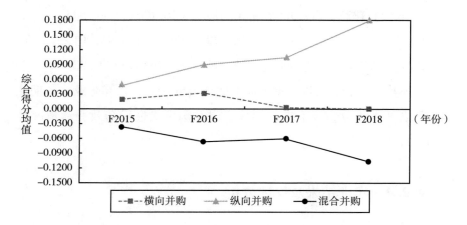

图 4 - 13　美国企业分模式综合绩效得分均值变化趋势

在横向并购中，并购当年绩效上升，但在并购后第一年开始下降，一直下降到并购后第二年达到最低点，再结合表 4 - 14 的差值分析，F17 - F16、F18 - F16、F18 - F17 的值分别为 - 0.0397、0.0028、0.0057，其中 2018 年较 2016 年和 2017 年的综合得分均值的差值均为正值，表明虽然短期而言并购绩效有所下降，但在长期来看，发生横向并购的企业绩效呈上升趋势。总体而言，选择进行横向并购的公司经营绩效的变化表现出经典的"N"型曲线。

表 4 - 14　　　　美国企业综合绩效得分各期差值和比率分析

得分差值		F16 - F15	F17 - F15	F18 - F15	F17 - F16	F18 - F16	F18 - F17
横向并购	均值	- 0.021	- 0.094	- 0.042	- 0.040	0.003	0.006
	正值比率	0.550	0.430	0.430	0.410	0.540	0.550
纵向并购	均值	- 0.060	- 0.038	0.066	0.001	0.065	0.084
	正值比率	0.420	0.380	0.570	0.550	0.690	0.630
混合并购	均值	- 0.013	- 0.040	- 0.156	- 0.010	- 0.067	- 0.069
	正值比率	0.545	0.431	0.551	0.547	0.600	0.538

究其原因，本书认为主要原因在于企业规模经济的实现是存在一定滞后性的，参与并购的收购方企业需要一定的时间和成本进行资源整

合，这段时期内可能会引起公司业绩的下降。长期而言，当核心资源充分整合后，企业经营管理能力将得到提升，市场份额占比变高，最终实现规模效益，公司绩效得以提高。

在纵向并购中，并购发生之后企业绩效上升明显，且长期保持上升趋势，在并购后第二年大幅度上升并达到最大值。由此可见，纵向并购的绩效成效显著，主要是因为纵向并购是进行产业链上的整合，减少了谈判和交易的时间成本，提升了公司利润。同时从长期而言并购实现了规模经济效应，从而使得并购绩效进一步提高。

在混合并购中，并购当年绩效下降，并购完成后第一年，随着新业务的合并，混合并购绩效开始比较明显地回升，公司业绩逐渐改善，此阶段并购的变化曲线呈现出倒"V"型。但是在第二年，企业绩效呈现下降的趋势。这说明混合并购后短期是能够提高公司经营业绩的，但长期而言，混合并购绩效将下滑。对于并购绩效下滑的表现，可能存在以下两方面的原因：首先，多元化并购存在一个较大的隐患问题，就是企业对自身的定位失误，在长期内由于企业自身的核心竞争力和战略规划不明确，管理层决策不明智，盲目地跟风进行扩张；其次，并购后整合资源也很重要，如何有效整合收购资源直到真正实现企业转型都是巨大的挑战。综上，选择进行混合并购的企业在短期内绩效会有一些积极正向的变化；长期而言，由于并购后资源整合情况的差异，企业绩效变化情况是不一样的。

2. 中国上市企业不同模式下并购绩效

如同上述对美国企业的研究方法，将中国的样本企业按照三种不同并购类型分类。表 4 – 15 是横向并购、纵向并购、混合并购综合得分情况的描述性统计，表 4 – 16 中是各期差值和对应的正值比率，图 4 – 14 是综合得分均值变化趋势图。以下是对中国上市企业三种并购模式下并购绩效综合得分变化趋势及原因的分析。

表 4 - 15　　　　　中国企业三种模式综合得分描述性统计

综合得分	横向并购			纵向并购			混合并购		
	极小值	极大值	均值	极小值	极大值	均值	极小值	极大值	均值
F15	-1.580	1.190	-0.104	-0.730	0.900	0.208	-1.670	0.830	-0.019
F16	-0.410	0.900	0.109	-0.720	0.740	0.198	-2.560	0.960	-0.072
F17	-0.610	1.800	0.106	-0.970	0.710	0.122	-1.260	1.410	-0.049
F18	-0.620	0.750	0.020	-0.980	0.730	0.113	-2.350	0.770	-0.034

表 4 - 16　　　　　中国企业综合绩效得分各期差值和比率分析

得分差值		F16 - F15	F17 - F15	F18 - F15	F17 - F16	F18 - F16	F18 - F17
横向并购	均值	0.197	0.217	0.143	-0.021	-0.226	-0.139
	正值比率	0.625	0.222	0.625	0.100	0.333	0.500
纵向并购	均值	-0.070	-0.186	0.097	-0.077	-0.126	-0.081
	正值比率	0.444	0.222	0.286	0.365	0.444	0.444
混合并购	均值	-0.024	-0.026	0.029	0.005	0.085	0.092
	正值比率	0.456	0.244	0.366	0.348	0.590	0.600

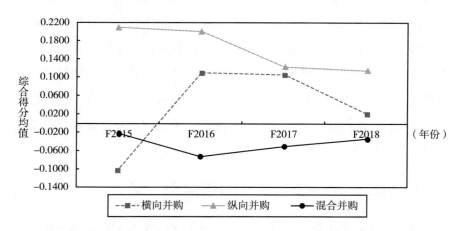

图 4 - 14　中国企业分模式综合绩效得分均值变化趋势

在发生横向并购的企业中，并购当年上市公司绩效得到极大提升，并购后第一年绩效保持平稳，但在并购后第二年绩效开始下降，但并购绩效的综合得分仍高于并购前一年的得分。同时再结合表 4 - 13 各期的差值分析来看，F17 – F16、F18 – F16、F18 – F17 的值分别为 0. 1000、0. 3330、0. 5000，虽然并购绩效呈现下降趋势但正值比率上升，说明其选取的样本中大多数企业的绩效仍然是上升的，主要原因是横向并购能使企业生产效率提高、资源整合降低生产成本，同时合并后的企业会扩大市场占有份额等。总体而言，横向并购后企业的绩效是较好的。

在纵向并购中，并购当年企业综合得分下降幅度较小，但在并购后绩效持续下降，尤其在并购后第一年开始大幅度下降。我国上市企业纵向并购绩效变化与美国相差较大。结合表 4 – 13 各期的差值分析来看，正值比率都低于 0. 5，F17 – F15、F18 – F15 的正值比率仅为 0. 2220 和0. 2860，总本而言，上市企业进行纵向并购后综合得分较高，但绩效变化表现不理想。从理论上认为纵向并购会很快提高企业并购绩效，但因子分析的结果与其相反。究其原因，可能是由于我国纵向并购集中发生于中小型企业，并购后的效果与成熟企业相比较差，也可能是纵向管理成本和整合成本上升、缺乏全局性系统性的战略思维所引起的，因此纵向并购往往适合已经发展成熟、壮大的大中型企业。

在混合并购中，企业总体绩效趋势呈"U"型。结合差值比率的结果来看，正值比率先变低后逐步变高。因此，并购绩效趋势表明，混合并购模式下的并购公司并未享受并购活动的短期利益，企业整合可能会降低绩效，这是由于并购效应的滞后性。综上所述，可以说混合并购在短期内会导致经营业绩下滑，但从长期来看，企业通过不断调整公司组织结构和产品结构，最终会实现广度经济。然而需要注意的前提是，企业是对自身发展有清楚的定位，经过规划后选择的混合并购，而不是盲目跟风进行并购。

3. 中美上市企业并购绩效对比及原因分析

根据上述中美两国上市企业在三种并购模式下的并购绩效，可以发现，美国上市公司纵向并购绩效最好，横向并购次之，混合并购业绩较差，而我国上市公司横向并购业绩优于多元化公司和纵向并购公司。纵向并购的企业在绩效变化排名第二，最差的是混合并购企业的绩效。

分三种模式将两国企业的并购绩效进行对比可发现，两国发生横向并购的企业绩效表现都较好，横向并购在短期绩效变化就较为明显，而且从长期而言能够给企业带来更为持续和稳定的绩效增长。由此可见，我国上市企业规模经济效应发挥得较好，主要原因在于我国上市企业并购市场上主要是以中小企业为主，企业规模较小，且行业集中度偏低，大量企业通过横向并购实现规模经济，见效明显。

在纵向并购方面，美国和我国绩效变化趋势则相反，美国上市企业纵向并购绩效呈大幅上升趋势，而我国上市企业纵向并购呈下降趋势，但从绩效均值来看，中美两国纵向并购企业的均值都是最高的。美国上市企业纵向并购企业整体绩效上升较快，而我国纵向并购在产业整合问题方面不太理想，引起并购绩效的大幅下降。本书认为主要原因在于美国企业并购多发于发展较成熟、稳定的大型企业，而我国的中小型企业进行纵向并购的绩效变化较大型企业会差一些。

在混合并购方面，我国企业并购绩效优于美国。我国选择多元化并购的企业包括材料制造、信息技术等行业，但实证结果表明我国企业混合并购整体水平较低，主要原因在于很多企业在进行多元化并购之前并没有对企业自身进行准确的定位，而是盲目进行了一些混合并购，这就导致企业并购活动之后无法充分整合并利用目标企业的优势资源，从而导致并购活动后企业绩效出现下降。综合而言，中美两国上市企业三种并购模式中，横向并购的表现最为稳定，混合并购绩效水平较低，美国纵向并购最好，我国横向并购最佳。

从行业角度来看，将美国和中国样本企业并购数量按照所属行业及业务部门划分，中国和美国 2016 年上市企业的并购活动主要集中在制造业，美国样本企业中制造业企业占比近 60%[①]，包括电子设备制造、探测仪等精密实验仪器制造等，其次是批发零售业企业及服务业中的计

---

① 资料来源：笔者根据本章研究分析得出。

算机程序设计等服务企业。中国样本企业中制造业占比近 70%①，主要包括化学品及相关产品制造、工业机械设备及电子设备制造等，其他还涉及零售业企业、通信电力及 IT 企业。由此可见，我国制造业大量企业都在进行并购活动，其中传统行业的企业并购数量高于新兴行业，而美国当前制造业主要集中在新兴行业所需的电子设备及相关生物化学品的制造上。

由上述结论可知，并购并不一定使企业有利可图。本书认为有三个主要原因：第一，由于对企业自身需求分析不到位和并购战略制定不完善而导致的盲目并购；第二，公司经营者与股东之间由于目标不一致而产生的代理问题；第三，由于并购整合成本过高，阻碍了公司在并购后充分利用目标公司的资源和竞争优势，导致企业发生并购后并购绩效并没有提高。

4.3 本章小结及政策建议

1. 本章小结

本章首先对我国并购历史和美国百年并购浪潮进行了回顾，美国上市企业并购模式从第一次的横向并购演进为跨行业混合并购、纵向产业链并购等多种并购模式。在回顾两国并购历史的基础上，基于 WRDS 中的 SDC 数据库和 BVD 中的 Zephyr 数据库里 1999～2020 年中美两国的并购交易数据。按照 SIC 标准行业分类代码划分并购模式，进一步对上市企业并购模式演进趋势现状及特点进行分析后，得出以下结论：

（1）从主导模式演变来看，两国主要并购模式均从横向并购向混合

---

① 资料来源：笔者根据本章研究分析得出。

并购模式演进，纵向并购模式数量占比一直较少。近二十年来美国并购模式首先以横向并购为主，其次是混合并购，最后是纵向并购，并购总量呈下降趋势。中国在 2013 年前及 2018 年后是以横向并购和混合并购为主，2013~2018 年中国并购市场迅速发展壮大，企业混合并购数量大幅上升。总体而言两国并购类型则是从横向并购为主转化到混合并购为主，但近两年两国横向并购数量占比又开始上升，纵向并购占比都最少。我国并购市场并购模式演变特点与美国第一次并购浪潮和第三次并购浪潮特点相近，但并购动因不同。

（2）从行业分布角度来看，两国上市企业并购活动集中发生在制造业、金融业和新兴行业中。美国传统行业在之前五次并购浪潮中由横向并购为主演进到纵向并购和多元化并购为主，近二十年美国传统行业的并购则一直以混合并购为主，并购总量在金融危机后逐步下降；从我国近二十年并购活动演进趋势来看，我国并购市场于 2000 年才开始逐步发展，传统行业并购类型则是从横向并购和混合并购为主转化为以混合并购为主，两国纵向并购占比都较少。

（3）我国上市公司的并购热点主要是制造业和工业。我国工业化当前所处的中后期阶段可以追溯到美国的第二、第三波并购浪潮的阶段。从美国第二波并购浪潮的经验来看，制造业和工业领域的并购在这一波并购浪潮中非常活跃。此外，制造业等传统产业是我国的主要支柱产业，政府也在助力制造业产业结构的升级调整。可见，未来制造业将继续成为并购的热点，同时传统行业还会与新兴行业进行并购合作，并购模式将以横向并购和混合并购结合为主，究其原因，主要是由于上市企业并购市场中行业集中度不高，企业并购活动是为了获得更大的市场份额，但在数字经济时代，要想把企业做强做大，除了要扩大企业的经营规模之外，更深层次的是要通过并购来掌握更多核心技术，提高企业长久的竞争力。横向并购对当前新兴技术革新的推动作用相对较弱，而成功的多元化并购可以帮助企业形成更加持续稳定的竞争力。随着知识经济和数字经济的逐步发展，传统行业中的企业开始积极并购新兴产业中的企业，新兴产业企业的发展也必须依赖于传统产业企业的资源。因此，两个行业企业之间的混合并购在所难免成为了未来的趋势。

（4）我国上市企业并购市场上企业并购数量规模迅速发展，但并购绩效却在不同模式下展现出不同的结果。我国上市公司横向并购的表现优于混合并购，纵向并购的绩效差异不理想；美国上市公司纵向并购和横向并购的表现要优于混合并购，其中纵向并购绩效最优。将两国对比而言，相同之处在于两国横向并购模式均有助于企业实现并购规模效应，两国上市企业在经过横向并购整合后，绩效总体看来均有所提高。不同之处在于纵向并购两国差异较大，美国纵向并购绩效呈直线上升趋势，我国则相反；两国混合并购绩效波动较大，由于混合并购较为复杂且存在一定的风险，整体而言两国混合并购短期效益不明显，长期效益较高。

从美国百年并购浪潮及企业转型升级的角度比较美国和中国上市企业并购市场的发展情况可知，并购已被证明是美国大部分企业快速成长的重要途径，横向并购和混合并购相融合的并购模式是有助于实现产业转型升级并提升企业国际市场份额的重要战略之一。因此，鼓励企业根据自身特点选择合适的并购模式开展并购活动，将为我国产业转型升级提供新的动力，促进我国经济向高质量方向发展。

2. 政策建议

从 20 世纪初期至今，美国每轮并购浪潮都有助于加速经济结构的调整，促进实体经济的腾飞。美国企业并购经验表明，企业并购市场的发展使得并购不再单纯地是企业经营行为，更多成为了行业变迁的动力，进而会对整个国家的经济结构演变产生影响。美国的资本市场发展成熟，上市企业并购一般是市场行为，但中国上市公司并购并非完全的市场行为，会在一定程度上受到政府干预。此外，美国和中国不同的国情和发展历程都导致了中国并购市场也具有独特性。但长期以来，由于资本市场发展不成熟等因素，我国上市企业并购也面临着支付手段单一、融资方式有限、整合成本高、并购绩效较差等问题。为了筑牢我国传统行业等企业的根基地位，加强传统产业集中度，推动经济高质量发展，结合美国等发达经济体的企业并购经验，对我国上市企业并购市场发展提出以下政策建议。

（1）准确把握并合理判断企业并购发展趋势，助力企业选择最佳并购模式。针对中国上市企业并购市场中企业盲目并购的问题，积极借鉴美国经验，选择真正合适企业自身发展的并购模式。与美国并购历史对比，当前我国并购阶段与美国第一次和第三次并购浪潮相似。针对我国并购市场，第一，美国经验也表明横向并购有助于企业更长久的发展，因此我国应通过发展横向并购解决行业产能过剩的问题，政府应大力支持企业开展横向并购活动，尤其是制造业等应以横向并购作为企业发展战略，发展一批行业龙头企业。第二，由于我国传统行业中的企业主要集中在产业链的低端，缺乏核心环节的生产技术。实证数据也显示我国纵向并购绩效较差，主要因为我国发生纵向并购的企业大多是中小型企业而不是成熟的大企业，因此建议企业选择纵向并购时要通过加强问询、强化信息披露等方式，提高并购门槛。但美国的经验也表明，长期来看，产业链上企业进行纵向整合对宏观、产业及微观等层面做大规模都有一定的积极作用，因此也建议引导产业链成熟的高端企业通过纵向并购来发展壮大。第三，在数字经济背景下，传统行业中的企业并购应当将横向并购和混合并购相结合，帮助企业在提高行业集中度的同时提升核心竞争力，实证结果表明，我国和美国混合并购绩效整体不理想，主要是因为盲目并购。美国的并购史表明，相当一部分混合并购在未来几年显示出增长乏力、盈利下降等弊端，因此混合并购要严格把关，避免盲目并购。

（2）坚持上市企业并购进行市场化运作，减少政府干预。在资本市场上，上市企业发展并购活动时，需要尊重市场规律，保证并购活动实现真正的市场化，要保证企业能够自主进行并购策略的选择。政府应积极为企业并购提供相关的政策保障，而不是去对企业的并购活动进行干预和管制。政府应积极提供财税支持，减少并购活动不必要的手续和流程；要尽可能减少在上市企业并购市场发生设关卡、程序冗杂等现象，保证上市企业并购市场是公平公正的，减少政府的过度干预。因此要进一步制定对相应的监管和保障制度，综合考虑各地区经济发展特色和主导产业，帮助企业制定最合理的并购策略，在全国并购市场中营造竞争有序且透明的环境，使得并购市场化进程不断发展。

（3）完善上市企业并购市场政策法规。建议从竞争法角度完善对传统行业中企业并购活动的监管，参照美国的经验，在完善法律法规时，也要配套完成相应的实施细则，形成并购审查程序完善的监管体系；在实施过程中，严格监管，利用多种法律监管政策配合使用达到监管最佳效果。另外，当前上市企业并购需多个监管部门配合，目前并购市场存在审批环节办理手续较多、时间成本较高等问题，建议政府应进一步落实简政放权的方针，加强部门间的协调合作，最大限度地为企业办理业务提供便利，进而提高企业参与并购活动的积极性。

（4）切实深化金融体制改革，拓宽企业的融资方式和渠道。当前我国企业并购活动融资主要来源于银行贷款。为了解决企业资金来源渠道单一的问题，一方面应加强银行同业间的良性竞争，降低从银行融资的借贷成本；另一方面应加大对其他金融组织的支持力度，努力为企业提供更丰富的融资渠道，减少企业融资方面的担忧，营造一个相对宽松的融资环境。同时还要鼓励金融服务创新，例如，管理层收购、股权租赁、引入产业基金等。此外，政府也可以对进行并购的中小企业给予一定的财政补助，减少企业融资压力。当企业融资问题得到缓解之后，并购活动随之也会活跃起来。

第 **5** 章

中外传统行业企业兼并重组的
典型案例分析[*]

本章将对中外传统行业企业的典型案例进行分析，这些企业大多是通过横向并购，即同行业并购来实现增强市场竞争力的目的。但并非所有并购都是成功的，本书选取了汽车行业、钢铁行业、煤炭行业、化工行业、建筑行业、交通运输业的成功和失败案例进行对比分析。

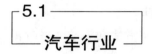

5.1.1　SQ 集团并购韩国 SL 汽车公司

1. 并购背景简介

SQ 集团是我国乃至世界处于前列的汽车上市公司之一，在整车及零部件等多条业务线上保持领先地位。SQ 集团在国内汽车市场中的市

　＊　本章涉及的案例及数据均由笔者根据官网及相关数据库引用整理。

场保有量处于绝对优势地位，2019 年公司的汽车销售量超过 600 万辆，国内市场份额达到 15% 以上，常年居于世界五百强企业。在收购韩国 SL 汽车公司前夕，SQ 公司面临的主要问题是自主研发能力不足，集团中的畅销车型均是由国外汽车企业研发，SQ 仅负责安装和销售流程，这使得公司的利润率受到了较大限制，突破"研发能力不足"这一卡脖子问题是 SQ 公司的首要任务（蓝一波，2018）。

SL 汽车公司在韩国表现优异，排名稳定靠前，公司主要产出和销售的车型更偏向高端、奢侈的豪华轿车，这与更多生产销售使用车型的 SQ 集团形成了良好互补。但是，由于公司自身负债高筑，叠加韩国国内经济形势下行，公司主打的豪华轿车销售量日益萎靡，公司的归属也几经易主，在 1997 ~ 2000 年间先后经历了被收购又售出的过程。2003 年，SL 集团股份在全球市场公开招标出售，从而为 SQ 集团创造了收购的机会。

2. 并购过程概述

SQ 集团在并购整合韩国 SL 集团的过程中主要事件如下所示：

1999 年 SL 集团成为独立企业；

2003 年债权团公开招标出售 SL 股份、SQ 集团决定参与 SL 汽车的收购；

2004 年 SQ 集团成功中标，双方就后续具体收购细节展开进一步磋商、并签订相关合同；

2005 年 SQ 公司通过进口 SL 汽车零部件并在中国组装的整车计划被 SL 公司社长否决；

2006 年、2007 年 SQ 集团罢免原 SL 社长和裁员行动引发 SL 工会多轮罢工；

2009 年 1 月 SL 公司申请破产，双方合作宣布失败。

SQ 公司以高价收购 SL 汽车后，SQ 集团却始终无法在 SL 中贯彻落实自己的既定发展计划，无论是进口海外汽车零部件、引进韩国优势汽车生产工艺，还是建设研发平台、提升自主研发能力，均遭到了 SL 集团剩余股东和管理人员及工人的强烈反对，在这样的压力和矛盾之下，不仅 SL 汽车迟迟无法走上正轨，重回往日辉煌，SQ 集团也因此受到了较大程度的拖累，公司财务和股价均受到了不小的负面影响，最终双方的合作只能以失败来收尾（蓝一波，2018；刘亮，2009；陈家轩，2018；郝桂芝，2012）。

3. 并购模式分析

SQ 集团对 SL 的收购方式是较为常见的股权转让协议。2004 年，由 SL 集团原主要银行债权人进行牵头，债权团内各个债权人由自身持有公司股份多少作为投票权力的大小，对各个参与竞标收购 SL 公司的潜在买方进行投票。凭借着雄厚的资金优势，SQ 集团在雪铁龙、通用和 TT 汽车集团等竞争对手中脱颖而出，最终和 SL 债权团达成了每股一万韩元，总价约合 5 亿美元的收购协议。收购完成后，SQ 集团持有 SL 汽车 48.9% 股权，2005 年，SQ 集团又在证券二级市场上增持 SL2.43% 的股份，由此总持股比例达到了 51.33%，正式形成了对 SL 公司的绝对控制权（姚瑶，2010）。

然而，这种并购方式的劣势在于，SQ 集团始终只是取得了 SL 公司的部分股权，并未全部持股，对 SL 公司的实际掌控能力有限，难以在购买后对其按照既定发展规划进行大刀阔斧的改革，这种收购方式也为在后续发展中双方矛盾激化时 SQ 集团难以实施有效应对策略埋下了伏笔。

4. 并购效果分析

由于在并购过程和并购后 SL 公司重组 SQ 集团均支付了十分可观的资本对价，而 SL 公司的后续运营又未能实现并购的既定目标，SQ 集团自身的盈利能力在并购后的几年中蒙受了显著冲击。重组完成后，SL 汽车于 2006 年正式纳入 SQ 集团合并范围，其糟糕的经营表现直接反映在了 SQ 集团的财务数据中。2006 年集团权益净利率为 5.84%，较上一年下降近 45%，总资产报酬率更是下降了 60% 以上，仅为 1.80%。2008 年，韩国经济持续下行，公司的经营情况愈发惨淡，SQ 集团也因此遭受了巨大损失，权益净利率为 -2.08%，总资产报酬率也下降到了 0.96%。在 2019 年 SL 汽车从 SQ 集团剥离后，SQ 集团迅速恢复了较高的盈利增长水平，权益净利率在 2010 年达到了 35.53%（见表 5 - 1）。

表 5 - 1　　　　　　　　SQ 集团并购前后财务指标

指标	2004 年	2005 年	2006 年	2007 年	2008 年	2009 年	2010 年
权益净利率（%）	18.56	9.53	5.84	13.40	-2.08	19.01	35.53
资产报酬率（%）	14.83	8.10	1.80	6.47	0.96	6.64	11.83
营业收入增长率（%）	8.69	-14.71	377.45	241.22	1.27	31.75	125.01

资料来源：Wind 数据库。

5. 并购失败原因分析

（1）并购前未对双方发展理念形成统一规划。SQ 集团对 SL 汽车进行收购的主要目的是希望在较短时间内迅速增强研发能力，完成设备更新和生产技术升级，并致力于将 SL 汽车打造为一个重要的海外研发平台。值得注意的是，在并购谈判过程中，双方代表签订了一份包括保持公司现有管理架构、不通过缩减工资来压缩成本等内容在内的特殊备忘协议，这份协议极大地削弱了收购完成后 SQ 集团对 SL 公司的实际掌控力，这也为后面双方冲突加剧时 SQ 集团无法有效解决争端埋下了祸根。在并购完成后的第一年，SL 公司管理层便以 SQ 想要转移其核心技术为由否决了 SQ 集团以买入零部件并在中国组装、生产和销售整车的计划，使得双方的合作在一开始便障碍重重。

（2）并购前未对双方潜在文化冲突和价值理念差异进行合理估计。韩国国内文化中自古便有较强的民族自豪感和排外情绪，对于民族企业倾于保护。这也是导致双方在并购后期始终无法达成统一的战略目标、实现协同发展的深层次的内在原因，而 SQ 集团在合并谈判初期的退让和妥协也对后续整合过程中的摩擦升级产生了负面影响。这说明，在跨国合并企业选择中并不能单纯地追求成本最优和预期经济效益最大，还应当充分考虑不同国家、民族之间的文化差异和品牌发展理念之间的隔阂，这也可能对并购双方在后期合作过程中成功与否起到至关重要的影响。

（3）并购后未能有效解决文化冲突，未能实现对 SL 汽车的有效控制。尽管在并购完成后的三个月内，双方也曾度过了一段短暂的"蜜月期"，如 SQ 派出 5 名高管赴 SL 公司学习交流，SL 公司高层管理人员每天进行一个小时的中文学习等。然而文化和理念的巨大差异让双方始终无法在发展大方向上达成共识，SQ 集团从 2005 年开始对 SL 公司进行强势接管，实施了罢免包括时任 SL 社长在内的一系列管理人员的策略，这引致了对方公司工会的不满和反对，随后双方矛盾持续激化，最终导致了合作的失败。

5.1.2　JL 并购 WOW

1. 并购背景简介

JL 公司 1997 年正式开始经营汽车生产销售业务，20 多年间，公司业务迅速拓展，目前已在国内拥有浙江、陕西和四川等多家生产制造基地，公司体量持续上升，目前总市值已经突破千亿元大关，是中国为数不多的大型私营汽车企业，也是中国企业五百强和世界企业五百强的常客。

WOW 汽车公司在 1927 年创建成立，是瑞典国民引以自豪的大型汽车制造企业，也是在欧洲乃至世界范围内享有盛誉的老牌汽车生产商之一。公司在全球将近二十个国家内设有生产工厂，其产品的销售范围涵盖了超过 200 个国家和地区。在超过 90 年的发展历程中，WOW 公司逐渐形成了一套科学完善的管理制度，拥有高效完整的销售网络，同时也孕育出了包容开放的文化理念（吴晓旭，2018）。

JL 汽车在国内市场上长期以来占有较稳定的市场份额，但是受限于研发的高额投入和产出成果的不确定性，公司一直难以在技术创新上取得重大突破，其产品定位也一直是以低端车型为主，使得其难以通过技术创新来获得更大的市场占有率，也难以向更加高端的国际市场进军。由此 JL 便筹划借助并购的方式来直接获取其急需的核心生产技术和迈向高端汽车制造的科技能力，从而拓宽经营渠道和提升品牌价值。彼时 WOW 的母公司 FT 集团则正处于经营困境之中，提出了"一个 FT"的经营战略，试图缩小经营范围以降低成本，提升核心盈利能力，这也为 JL 集团以"蛇吞象"的方式完成并购 WOW 公司提供了有利条件。

2. 并购过程概述

在被 JL 并购之前，WOW 的原母公司为美国 FT 汽车公司。在 2005 年，由于国内汽车市场竞争加剧，FT 公司利润率大幅下跌，为此，FT 公司决定于 2006 年剥离 WOW 公司，以精简业务，缩减成本，重振公司盈利能力。JL 公司收购 WOW 的主要过程如表 5 - 2 所示（梁彦，2015；甘欣，2017；蓝一波，2018）。

表 5 - 2   **JL 收购 WOW 的过程**

	时间	事件
并购前	2006 年	为了应对亏损，FT 公司决定采取"一个 FT"战略，决定出售 WOW
	2009 年 12 月	我国商务部通过了 JL 收购 WOW 的提案，同时，瑞典政府对此事也展示出互惠合作的态度
	2010 年 3 月	双方签订了股权收购协议，JL 公司获得 WOW 公司 100% 股权和全线产品
	2010 年 8 月	双方举行交割仪式，WOW 公司的员工及人事关系全部转移到 JL 公司，至此 JL 完成了对 WOW 的并购
并购后	2010 年	双方成立了"WOW—JL 对话与合作委员会"组织，并向公众宣布
	2012 年	JL 与海南三亚学院共同建立"全球型企业文化研究中心"，并在北京和哥德堡打造研究基地，致力于开展跨国家、社会和企业文化的对比与研究
	2014 年	JL 在北京水立方举行"JL 汽车品牌之夜"活动，推出首款引入 WOW 安全理念的新车型博瑞
	2017 年	JL 正式为自主品牌 LC 汽车组建合资公司，JL 控股集团和 WOW 公司分别拥有领克汽车 20%、30% 的股份，JL 汽车则持有剩余 50% 的股份

在并购完成后的后续整合过程中，JL 集团高度重视和 WOW 公司的创新研发合作，同时在协作中也对 WOW 的企业文化和公司理念给予了充分的尊重。双方在科技、文化、战略等多个维度展开了深入交流，为集团整体价值的提升起到了重要作用。

3. 并购模式分析

从 JL 公司最初组建并购团队、设计并购方案到最终双方正式签订并购协议前后一共历经了三年时间，并购的模式采用了"以小博大"的杠杆并购方式。最初，WOW 汽车的原母公司 FT 出价 60 亿美金进行公开招标，在经过详尽的财务分析和估值分析后，JL 集团开出了 35 亿美金的投标报价，随后在双方谈判过程中又由于研发费用的减少而削减了17 亿美元的收购价格，最终双方达成了 JL 集团支付 18 亿美金现金外加

9 亿美金营运资本的对价，获取 WOW 汽车 100% 股权的最终收购协议。

JL 集团采取杠杆并购方式，以并购后 WOW 公司的经营收入作为抵押进行并购资金筹措，先后在 2009 年 9 月、2009 年 12 月和 2010 年 2 月注册成立了北京 JLSK 国际投资有限公司、北京 JLWY 国际投资有限公司和上海 JOW 公司作为主要融资平台，又通过和成都、上海及大庆政府的谈判取得了总共近 40 亿元的借款。在各方资金全部到位后，双方于 2010 年 3 月正式签订收购协议，完成了并购交易。

4. 并购效果分析

从 JL 顺利完成对 WOW 的 100% 股权收购，到 2018 年双方合作 7 年的财务表现来看，该起跨国并购交易在协同经营方面是较为成功的。

从表 5 – 3 可以看出，在并购 WOW 公司后，多年间集团整体的营业额和盈利能力都保持了较平稳的增长速度，这主要是由于 WOW 品牌下的高端车型在国内市场保持了较好的销售水平，对原 JL 的经营产品起到了极佳的补充作用。同时，在 WOW 的品牌效应加持下，JL 集团的汽车产品也逐渐打开了广阔的国际市场大门，为集团盈利能力的提升注入了新的动能。另外，可以看到，在并购完成后 JL 集团在资本市场的表现也愈发强劲，每股净资产从 2007 年的 0.45，到 2014 年的 1.98，说明市场对于这笔并购交易持认可的态度，并对 JL 集团的未来发展前景也保持乐观。因此，可以认为这是一笔互惠互利、实现双赢的跨国并购交易（冯银波和刘雨佳，2016；任高菱子，2013）。

表 5 – 3　　　　　　　　　JL 集团并购前后财务指标分析

指标	2007 年	2008 年	2009 年	2010 年	2011 年	2012 年	2013 年	2014 年
营业额	13172	428904	1406923	2009939	2096493	2462791	2870757	217836
每股收益	6.14	15.04	17.08	18.59	20.72	27.05	31.74	16.25
每股净资产	0.45	0.65	0.87	1.08	1.28	1.56	1.83	1.98

资料来源：Wind 数据库。

5. 案例成功启示与借鉴意义

（1）通过企业并购实现品牌价值和研发能力的快速跃升是我国传统制造业企业转型升级的一个重要途径。在改革开放初期，如汽车制造等传统工业行业是我国的薄弱行业，为了迅速提振我国的工业制造水平，解放和发展生产力，在政府引导下我国企业引入了大量的海外生产技术，并在过去的几十年内迅速实现了规模化发展。但是，这种发展模式的弊端在于国内的汽车企业始终难以在研发创新水平上与国际顶尖企业巨头相抗衡。为了快速提升科技水平，在短时间内实现产品的升级和迭代，利用前期积累下来的资本优势对海外优质企业进行并购不失为一个好的方法，通过并购可以快速获得行业领先企业的研发成果和生产工艺，并且对于短期内迅速提升公司品牌价值也有不小的帮助。

（2）以杠杆并购方式实现了低交易成本完成收购，将收购对公司现金流内影响降到最低。JL 集团以 WOW 公司在收购后实现的营业利润作为抵押，分别向银行、地方政府及海外金融机构借入收购资金，通过杠杆的方式完成了资金筹措，在将这一过程中 JL 自身的现金支出降到最低的同时实现了对 WOW 汽车高质量资产的购买，从而顺利避免了较高的现金支出对企业短期营运的潜在不利影响、而在并购完成后，WOW 公司迅速恢复并保持了强劲的盈利能力，这也为 JL 集团的偿债能力提供了充分的保障。

（3）在跨国并购过程中要高度重视文化和价值观念之间的潜在冲突。作为并购方要在并购开始前对并购对手方的企业文化特征和发展理念做出深入剖析，如 SQ 集团收购 SL 汽车的案例中，由于在并购前未能对韩国企业和民众的"外资厌恶"情绪做出准确估计，并且没能在后续整合中妥善解决 SL 汽车员工公会对于生产经营的影响，最终导致并购双方都蒙受了重大损失。而 JL 集团对 WOW 公司的并购案例则为传统工业企业的跨国合并起到了示范作用，无论在并购开始前还是在后续整合过程中，JL 与 WOW 在战略目标与发展方向的规划上始终保持了高度一致，借助 "WOW—JL 对话与合作委员会" "全球型企业文化研究中心"等对话平台，双方管理层在发展理念和价值观念上展开深入交流，最终助力两个品牌携手共进，在全球市场中不断取得新的突破。

（4）重视跨国企业合并过程中及后期协同发展中的文化整合。重视并购完成后的文化整合，将从提升企业管理效率，凝聚人力资源、减少人力边际成本，促进技术与知识转移、提高资源配置效率和研发能力及抑制文化冲突四个方面为增强企业价值提供帮助。如在并购 WOW 汽车完成后，JL 集团迅速跻身于高端汽车市场，同时借助 WOW 汽车的良好品牌和高端技术实现了自身营运能力和盈利能力的增强，并且快速打开了国际销售通道，从而迈入了新的发展阶段。高效的文化整合，其重要性在于可以大幅度地降低双方的沟通成本，建立起和谐、诚信的交流氛围。在并购活动中，由于交易对手方的并购动机存在较大的不确定性，往往容易因为不信任和保守而拖延交易的进度，而良好的文化协同则有助于双方更好地沟通。

5.1.3　NJ 汽车集团并购 LF 汽车

1. 并购背景简介

NJ 汽车是我国老牌重点工业制造业企业，也是国内汽车生产制造的重要企业之一。在对英国的 LF 公司完成收购前，NJ 汽车旗下有四个重点品牌，年生产制造能力可以达到 30 万辆。然而，从改革开放以后的很长一段时间内，NJ 汽车受困于产品定位不明确，优势车型在市场竞争中处于劣势地位，产品更新迭代速度过慢和管理架构效率低等问题，导致公司的经营状况很不理想，公司也一直是江苏省每年重点帮扶的主要企业之一。在 2000 年以后，NJ 汽车的经营状况仍不理想，公司的主要车型中仅有依维柯可以勉强维持不亏损的状态，其余产品均处于严重的滞销和亏损之中，公司亟须找出将企业拖出泥潭的变革执法（吴绍先和陈阳新，2005；艾晓峰，2008；于开乐和王铁民，2008）。

LF 公司创建于 1904 年，公司的主打车型是高端跑车，在早年间是十分受欧洲各国贵族青睐的品牌。"二战"以后，随着世界贸易格局的巨大变化，美国、德国和日本的新型汽车快速流入并占领国际市场，LF 的经营状况开始不断恶化，加之其高昂的制造成本，使得公司很难维持良好的盈利水平，也难以扩大经营规模，最终，公司不得不走到了破产的边缘（于开乐，2007；吴越人，2005）。

2. 并购过程概述

并购的过程主要可以细分为三个时期：第一个时期在 2004 年前，该时期内 LF 集团的原债券集团对于潜在的购买者展开了广泛的接触；第二个时期是 2004 年以后，该时期 SQ 集团成了收购 LF 的最大潜在买方，该时期的并购方案由 SQ 集团主导开展；第三个时期发生在 LF 正式向英国法院递交破产申请之后，在该阶段中，SQ 集团逐步退出了该笔并购交易，后续交易进程由 NJ 集团接手进行。

在第一阶段中，LF 公司和包括国内众多汽车公司在内的多家潜在买家展开广泛沟通，在这一阶段中，由于双方在并购金额、支付方式及金额缺口等因素始终存在较大分歧，导致 NJ 集团和 LF 的谈判未能更深一步。为了继续推行交易的实现，NJ 集团将资金实力更加雄厚的 SQ 集团引入交易方案之中，即进入了由 SQ 集团主导并购的第二阶段。

SQ 集团和 LF 原债券团谈判代表曾就购买事项签署了一份合作意向书，双方也曾十分接近完成最终的并购交易。但是三方在就合同具体事项展开深入沟通之际，SQ 集团通过对 LF 公司的深度尽调研究中发现，其财务状况远比之前谈判过程中所出具的情况更加糟糕。最终 SQ 管理层决定放弃谈判，并退出对 LF 进行收购的议案。

　　LF 汽车公司进入破产保护程序后，剩余资产被政府设立的托管人进行对外公开拍卖，从而为 NJ 集团正式收购 LF 提供了良好的切入点。2005 年 6 月，NJ 集团决定单独参与对 LF 的竞购，并最终凭借其"一揽子购买"和"无条件收购"方案击败了其他竞争对手，以 5300 万英镑的最终价格完成了并购，并就此拥有了 LF 旗下的 MG 系列车型。在 2006 年，NJ 将原 LF 汽车的 MG 车型更名为名爵，在结合了时下新型的技术后，在国内的生产线上进行大规模生产，成为了 NJ 集团新时期下的主打系列之一（艾晓峰，2008；于开乐，2007；于开乐和王铁民，2008；蒋学伟，2011）。

3. 并购模式分析

　　（1）并购实施前，长期深入的沟通是并购成功的基础。与 SQ 集团收购 SL 汽车和 JL 集团收购 WOW 汽车不同，在 NJ 汽车最终正式完成对 LF 的收购前，双方经过了漫长的沟通和谈判过程，在这期间双方充分、深入地交换关于并购方式及未来发展方向等问题的意见，NJ 集团多次派出谈判小组赴英国同 LF 方进行全面磋商，LF 公司也数次派遣团队到南京进行实地考察，两边在最终就合作意见达成共识前都对对手方的经营及财务情况进行了透彻的分析，真正地做到了"知根知底"。该谈判过程也为最终 NJ 汽车以较低价格完成收购奠定了坚实的基础。

　　（2）该案例为我国国有传统工业企业对国外公司的"内迁式并购"模式提供了成功范例。内迁式并购的含义是将被购买方公司的资产向购买方的所在地区进行迁移，这种迁移的含义可以指企业员工、生产线的整体转移，也可以指在购买方经营地区设立下属分支机构等。除了员工和生产线等资产外，内迁式并购还包括将被购买方的品牌、销售渠道等生产和营销要素进行区域间的转移，这种转移往往需要耗费较长的时间和较高的成本。与 SQ 将 SL 汽车作为海外研发平台和 JL 保留了 WOW 在国外的全部生产基地不同，NJ 汽车对 LF 完成并购后，运输了包括厂房、机器设备、剩余零部件、工业化机器人、全套生产线等大部分生产设备回到国内，随后，将并购得到的新设备迅速同已有资产加以整合，提高自身生产能力和技术水平。

（3）掌握交易对手方企业资产质量是内迁式并购成功的前提。NJ可以顺利完成内迁式并购的一大主要原因是其做了充分的调研和准备工作，对于 LF 的资产保有量和资产质量及资产价值均有充分的了解。同时，对像厂房、生产线及大型制造设备这样的资产进行转移的成本是十分高昂的，NJ 在选择内迁式并购之前对于资产转移成本做了十分详细和周全的预算，这也是保障并购能够顺利进行的重要原因之一。此外，节约出来的购买成本也成为了将其资产进行内迁的重要保障，这说明充分掌握目标企业可转移资产情况可以使企业节约取得资产的成本，从而实现成本较低的收购交易，为公司节约成本的同时降低公司的财务风险（贾镜渝和赵忠秀，2015；王惠萍，2007）。

4. 案例成功启示与借鉴意义

（1）熟悉被购买方所在国家和地区与并购相关的法律法规和政策条例。在跨国并购交易中，被购买方所在的国家和地区往往对跨国并购交易有特殊的法律限制，其主要目的是防止国内优质企业和优质资产外流，对国内企业起到一定的保护作用。在该并购案例中，由于 NJ 汽车最早在并购的第一阶段已经开始和 LF 公司展开接触，因此双方的并购谈判实际维持了近 4 年的时间。在这段时间中双方已经对对方的信息掌握得十分充分，同时 NJ 汽车在最后进行并购之前花费了巨大的努力，做了大量的调查和研究工作，对欧盟和英国的政府规定、法律法规制度等进行了详细的分析研究，对并购活动的每一个环节了如指掌，这为双方就并购事宜的谈判节省了相当多的时间，同时也为 NJ 汽车争取到了更低的购买成本。此外，得益于对 LF 的充分了解，NJ 集团抓住了最佳的购买时机，在 LF 递交破产申请之后进行并购可以避免公司原来的高额债务，也为 NJ 汽车节约了相当一笔并购成本。

（2）内迁式并购方案要结合详尽的资产整合规划。影响内迁式并购成功与否的重要因素是迁入的生产设备和生产技术工艺是否会出现适合中国具体情形的现象。海外企业生产线及机器设备的参数型号、使用方法和操作流程等往往与国内企业有较大差异，微小的操作失误可能就会导致重大的损失。因此，在制定并购方案时就要预先对内迁资产的后续整合加以详细规划，对运输、安装和后期调试等环节的成本进行合理估计。在 NJ 集团完成对 LF 的并购和相关资产内迁后，投入了相关成本对其资产进行整合和吸收，包括聘请培训公司对本企业技术人员进行生产专用机器人的编程、调试、预保养等基础培训，组织生产人员观看学习培训公司专员进行设备操作，车间内组织统一学习、演练等。经过长达数月的磨合期，最终 LF 公司的海外资产才真正在 NJ 的实际生产中发挥作用。

5.1.4　DML 并购 KLS

1. 并购背景

德国 DML 公司建立于 1926 年。截至合并前的 1996 年，DML 已经是欧洲最大的汽车生产商和供应商，在世界范围内是仅次于 FT 和 TY 公司的全球第三大汽车公司，公司总资产规模达到了 657 亿美元，总营业额为 706 亿美元。公司业务范围涵盖了汽车生产、航空航天、工业电机等多个领域，是在欧洲乃至世界范围内享有盛名的工业巨头。然而，DML 最引以为傲的系列并没有在欧洲以外的地区实现其理想的销售状态，其在美国的市场占有率不到 1%，在北美市场的销售份额只占总销售额的 21%，大部分销售收入仍然局限于自己所在的欧洲地区（严骏，2010；陈顺长，2007）。

KLS 是美国和 TY 公司及 FT 公司齐名的三大汽车制造商之一，是一家产品覆盖了整车、配套零部件、车载 GPS 等在内的大型多元化生产制造企业。在汽车领域，公司产品包括轿车、轻型车、货车等，特别是在小型货车市场上占有绝对优势。在与 DML 合并之前，1996 年 KLS 勒公司总资产为 562 亿美元，总销售额达到 614 亿美元，但其同样存在明显的经营地域局限性问题，长期以来，KLS 的管理层只关注美国的国内市场运营，而对海外市场的开拓则有所忽视，其销售额的 90% 集中在北美地区，在海外地区和国家的销售份额仅为 10%（严骏，2010）。

在 20 世纪 90 年代，全球汽车市场中产量过剩成为了各大汽车制造商的首要问题，为了保持企业盈利能力的同时占据更大的市场份额，各大汽车公司纷纷走上了合并的道路。通过合并发挥规模经济效应，可以大幅度降低企业研发成本和边际生产成本，并且巩固市场份额，进一步提升品牌价值。对于 DML 和 KLS 来说，通过合并打破各自的经营区域局限也是促成交易落地的重要原因之一，尽管 KLS 在美国三大汽车公司中一直保持最高的利润，但在市场整体发展缓慢，盈利能力降低的大环境下，尽快大规模打通海外销售通道才是舒缓公司困境的首要任务。同样，一直渴望进军北美市场的 DML 也正在积极地寻求潜在的合作伙伴，两家跨地区之间的行业巨头就在这样的背景下走上了合并的道路。

2. 并购过程概述

DML 和 KLS 的合并速度非常之快，从合并申请递交到双方达成收购协议仅用了不到四个月的时间，而到合并公司股票最终上市交易也只用了 10 个月的时间。在此期间，交易双方及相关参与方的主要事件节点如下所示（李思勇，2001；陈刚，2004）。

1998 年 1 月 DML 公司与 KLS 公司提出合并意向并递交初步并购计划书；

1998 年 2 月双方就合并事宜进行初次谈判与讨论；

1998 年 5 月双方在伦敦就达成的并购协议进行签字，DML 公司监事会批准此次并购交易；

1998 年 7 月欧共体批准该并购交易；

1998 年 8 月两公司的管理层就并购后的整合制定计划并达成基本一致；

1998 年 9 月 KLS 公司召开特别股东大会以 97.5% 的比例批准并购，DML 公司召开特别股东大会以 99.9% 的比例批准并购；

1998 年 11 月双方公司有关并购事宜全部结束。

3. 并购模式分析

KLS 总资产价值巨大，如果采用现金收购模式进行并购显然会对 DML 的营运资本造成巨大风险，如果通过杠杆方式大规模举债也会使得公司面临极大融资成本和财务风险，因此，成熟的大企业间的"强强联合"多采用换股方式来进行合并。

虽然 DML 和 KLS 都是在资本市场上的上市企业，但是双方在并购协议中却采用了相对更为复杂的未来现金流折现方法对双方进行价值评估，而并没有采用资产的市场价格或者公司账面价值作为并购价格的衡量依据。具体来说，对于 DML 和 KLS 这样持续经营和拥有上佳盈利能力的企业来说，净资产账面价值难以准确衡量企业的真实内在价值。资本市场上的股票价格具有波动性，双方难以就哪一时刻的股票价格作为反映企业内在价值达成一致意见，同时股票价格还会在很大程度上受到投机等因素的影响，因此对于体量如此巨大的两家龙头级企业来说并不适用。

最终双方协议中采用的收益现值法是基于对两家企业未来现金流的合理估计，对双方未来年份独立持续经营产生的净利润进行预测，再从各自财务结构出发测算加权平均资本成本作为贴现率，最后计算公司现值和每股价值。最终，双方达成了总价值达 380 亿澳元的换股协议，在 1998 年 9 月 18 日，在 DML 公司，占比 99.9% 的股东同意了该收购计划，而在 KLS 公司，也有 97.5% 的股东通过该提案。合并完成后，原 KLS 公司的股东占新公司 DML-KLS 约 42% 的股权（王丽梅，2006）。

4. 并购效果分析

该并购交易在全球市场中产生了重大影响，《华尔街日报》称其为"有史以来最大的工业合并"，在当时引领了包括汽车在内的多个制造业行业的并购风潮，该笔并购直接改变了世界范围内的汽车行业竞争格局，对于北美汽车市场和欧洲汽车市场的贯通起到了直接的推动作用。双方合并后资产总值达到 760 亿美元，股票上市后其总市值达到 911 亿美元。公司年销售额为 1300 亿美元。

在合并后的第一年，DML-KLS 销售增长 13.8%，年销售额达到 1500 亿美元，创下了 490 万辆汽车销售的历史新高数据，达成了不俗的经营业绩。2000 年以后，全球汽车市场竞争进一步加剧，FT 集团及 TY 公司为了缓解库存积压严重的问题，先后采取了价格战策略，DML-KLS 为提升公司车辆的市场竞争力，进一步扩张市场份额，也随即降低价格并提供更大折扣，虽然该策略对加速直销车辆的流转，巩固市场竞争力有所帮助，但是也导致集团整体盈利能力的下降，美国市场的激烈竞争导致 KLS 的经营业绩始终达不到预期，进而拖累了集团整体的发展步伐。2002 年以后，DML 在欧洲的汽车销售情况也逐渐趋缓，而作为双方合并主要目标之一的降低生产、研发成本情况亦不理想，集团整体成本依然高居不下，这也为最终双方的合作失败埋下了伏笔（见表 5 - 4）。

表 5 - 4　　　　　　　　　DML-KLS 经营情况

年份	1998 年	1999 年	2000 年	2001 年	2002 年	2003 年	2004 年
销售总额（亿美元）	1300	1500	1624	1508	1496	1410	1425
汽车销量（万辆）	450	490	485	480	482	477	490

公司管理层面，由于 2000 ~ 2001 年 KLS 公司经营业绩不佳，集团对 KLS 的管理层进行了改革调整，调整后的管理人员大部分来自德方，而由于新管理人员带来的发展理念与营销思路和 KLS 原理念有较大差异，导致 2003 年前后公司众多中层管理人员和骨干技术人员离职，进一步加剧了公司的经营风险。

最终，在经欧盟批准后，2007 年 5 月，DML-KLS 公司举行新闻发布会，宣布将以 74 亿美元的价格将旗下 KLS 公司 80.1% 的股份出售给美国 SBLS 公司，改名后的 DML 公司继续持有 KLS 19.9% 的股份。至此，两大汽车行业巨头长达 9 年的合作正式结束。

5. 失败原因及启示

（1）文化认同和价值观念相互尊重是实现企业并购协同效应的基础。在这起合并中，德国人严谨认真的文化理念和美国人自由奔放不拘小节的文化理念形成了鲜明的对比。例如，德国企业拥有标准的管理决策流程，DML 在企业规章制度中有详细的决策过程及审批流程，在做每一个决策前都要经过不同部门的员工进行长时间的讨论，再经过层层审批。相反，KLS 提倡随时随地跨层级自由讨论，主张员工之间的平等和工作的自由。这一差异导致合并后入住 KLS 的德国管理层和员工之间矛盾不断，最终导致 KLS 技术骨干人员的大规模流失。

（2）高估企业横向合并后的协同效应。DML 和 KLS 在合并之前从产品互补性、市场竞争格局和技术互补层面均有良好的协同发展前景。首先，站在双方的产品互补性角度，奔驰的优势产品为高端、运动型的轿车，而 KLS 则主要生产 SUV、大型越野车和其他功能型车辆，双方的产品在市场中几乎没有主要竞争，产品差异性较大，互补性强。其次，从市场地域性来看，DML 和 KLS 分别扎根于欧洲市场和北美市场，且均迫切需要打开对方市场的销售空间。然而，集团却在双方合并之后付出了巨大的整合成本。因此，企业在合并后不能仅仅看重潜在互补效应的高低，还应同时关注企业文化、管理架构、产品生产要素兼容性等方法存在的差异性，如果产品的生产管理成本由于不同车型的引入而大幅增长，那么尽管两种产品在市场竞争中存在一定的互补性，也难以保证利润的增长和企业的稳定发展（卢进勇等，2005）。

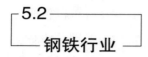

钢铁行业

5.2.1 ASLMT 集团并购发展历程研究

1. ASLMT 集团简介

ASLMT 钢铁公司于 1989 年正式创建，通过不断并购重组的方式，创下了钢铁生产行业里的发展神话。

ASLMT 集团总部在卢森堡，每年的粗钢总生产量超过 1 亿吨。截至 2019 年底，ASLMT 公司的员工超过了 20 万人。截至 2018 年，ASLMT 集团的产业不仅包括生铁、煤炭的开采及运输，还包括多个地区的港口运输等，ASLMT 集团下的完整生产运输链条分布在世界的五个大洲之中，在 35 个国家中设有开采和生产基地。在 8 个国家拥有采煤采矿体系，并在欧洲等地区设立了 13 个研发中心，在全球的煤矿、铁矿生产开发及运输中处于区域性垄断地位，是世界范围内的钢铁巨无霸企业（李国团，2018；姚志敏，2018，2019）。

2. ASLMT 集团并购历程

第一阶段为 1989～2004 年。在 2004 年 ASLMT 集团收购 ISG 钢铁公司以前，其主要运作方式是在全球范围内寻找那些生产经营效果不佳、常年亏损的钢铁生产企业作为收购对象。在收购完成后，利用其自身的运输和销售网络来充分发挥企业的规模效应，使被收购企业实现盈利。在这一阶段中，ASLMT 集团的主要经营内容还是在于其搭建的全球式营销运输渠道，将收购而来的各个钢铁厂纳入渠道中来实现集团盈利，此时集团经营的整体性和管理的统一性不强；尽管在第一个阶段公司已经实现了相当可观的盈利规模，但是管理者希望继续扩张。第二阶段是 2004 年 ASLMT 集团收购 ISG 公司之后，ASLMT 集团的收购目标从体量较小的亏损钢铁厂转向聚焦于处于成熟期的地区钢铁巨头企业，并实现管理上的协同和一体化、将公司真正地作为一个整体进行统一调度和运营，最大程度提升效率和盈利水平是这一阶段并购的主要目的。如果说第一阶段的成长是以规模、数量为主的话，那么第二个阶段的成长则是质量和数量并重。可以说，ASLMT 集团的并购是一个渐进的过程，由小到大，并伴随着管理上的转型。第一阶段中，ASLMT 集团的主要收购经历如表 5 - 5 所示。

表 5 - 5　　　　　　　　　ASLMT 集团第一阶段主要收购事件

时间	国家地区	收购事件
1989 年	特立尼达和多巴哥	收购该地区一家亏损严重的国营钢铁厂，一年后实现扭亏为盈
1992 ~ 1994 年	北美地区	在墨西哥及加拿大进行了一系列的收购计划，主要以接手亏损国营企业为主，从政府手中收购大型钢厂
1995 年	哈萨克斯坦	出资 9.5 亿美元收购前苏联第二大扁平材生产商 KEMT 公司
1995 年	德国	收购年产能 70 万吨的德国第四大线材生产商 HB 钢铁公司
1998 年	美国	出资 14.3 亿美元收购美国第四大钢铁公司
1999 年	法国	收购法国一家线材生产厂单金属
2001 年	阿尔及利亚	从阿尔及利亚政府收购了钢铁厂 AFLD 70% 的股份
2003 年	捷克	控股收购捷克最大的联合钢厂 NW 新冶金钢铁公司
2004 年	波兰	收购波兰最大的钢铁公司 PHS
2004 年	南非	收购南非最大的联合钢厂 YSK 公司

ASLMT 集团在 2004 年正式完成了对 ISG 集团的收购，标志着

ASLMT 集团的全球化收购方案正式进入第二阶段，在收购完成后，ASLMT 集团的粗钢产量已经超过了第二大钢铁公司 ASL，成为了当时世界范围内最大的钢铁生产企业，为了最大程度发挥规模效用，ASLMT 集团收购策略的最后一步就是完成对阿赛洛集团的收购。

2006 年 1 月，ASLMT 集团对当时的第二大钢铁公司 ASL 发出收购要约，从而拉开了钢铁业规模最大的一宗并购案的序幕。双方的谈判持续了 6 个月之久，在 2006 年 7 月，ASLMT 集团宣布收购 ASL 92% 的股票，收购价格约合 343 亿美元。在 2006 年，收购完成后的新公司粗钢产量超过 1.1 亿吨，成为世界上第一个规模过亿吨的钢铁企业（李拥军，2011；冯尚勤，2009；胡越，2020；李国团，2018）。

3. 收购模式分析

在 ASLMT 集团持续不断的并购历程中，如何充分利用多种收购手段，实现公司规模不断扩大的同时将集团的财务风险控制在合理范围内是其能持续保持强大竞争力的关键。在 ASLMT 集团长达数十年来的发展历程中，通过持续的并购活动一步步成长为世界最大的钢铁企业。并购活动往往需要大量的资金支持，因此公司想要持续经营，就需要研究如何保持较低的财务成本。其中的重要原因在于 ASLMT 资金来源中很少有债务，即公司的财务杠杆极低，集团的并购资金主要有两个获得方式，一个是企业多年经营利润的结余形成的盈余公积，另一个就是资本市场上靠权益融资获得的权益资本。早在 20 世纪 90 年代，公司便合理利用全球公司法的监管不完备性，在世界范围内的多个地区分别设立了分公司与子公司，在各地募集低成本资金。同时，公司还分别在荷兰和美国的资本市场进行上市，在证券市场上募集了资金，极大地补充了集团用于持续收购钢铁企业的资本需求。此外，公司还雇佣了极其专业的法律顾问团队，以保障在大范围的跨国并购和募资活动中免于法律和政治风险导致的纠纷和赔偿。

在 2004 年对美国国家钢铁公司的收购中，双方合同签订的总收购价格为 45 亿美元，这对于当时的 ASLMT 集团来说也是一笔不菲的价格，为了在短期内迅速融得并购所需的资本，ASLMT 集团在资本市场上做出了较好的运营操作。公司利用在荷兰上市的子公司对 ASLMT 集团进行反向收购，被收购后的 ASLMT 集团得以顺利实现整体上市，由此公司在二级市场上的股价大幅上升，集团也因此获得了充裕的收购资金，而这并不是该笔收购的全部过程。在随后的收购环节中，由于外界资本对该笔交易普遍加持看好的乐观态度，让美国国家钢铁公司在收购完成前的股价一路飙升，致使最终的收购价格远超 ASLMT 集团的最初预算，为了进一步削减并购成本，ASLMT 集团提出了 50% 现金和 50% 股票支付相结合的收购模式，进而成功完成了收购。

ASLMT 集团对 ASL 公司的收购过程则更加曲折，ASLMT 于 2006 年 1 月宣布对 ASL 的收购要约，并提出了以 75% 股票、25% 现金作为对价支付方式，即总计 186 亿欧元的收购方案，该收购价格高出了 ASL 集团前一日股票市值的 27%。不过，ASL 公司对此收购要约并不买账，集团董事会一致否决了 ASLMT 集团的收购要约，并随后推出了分红、股票回购等稳定投东提升股价的措施。同时该交易提案也遭到了来自政府方面的阻力，ASL 集团所在地区的政府官员分别表态反对这次并购交易，在双方长达数月的拉锯战中，ASLMT 集团不断让步，先后争取到了欧洲各国政府的支持，并在收购条件中让步，包括提高收购价格、放弃对集团的绝对控制权等。最终，在 2006 年 7 月，ASLMT 宣布以 256 亿元的总收购价值完成对 ASL 集团 93.72% 股权的收购。至此，钢铁产业最大的收购案例落下帷幕（马飞，2007；陆菁，2021；蔡原江，2010；姜翠玉，2007）。

4. 收购效果分析

通过在世界范围内不断的并购活动，ASLMT 集团在 30 年的时间里迅速成长为在钢铁行业内的巨无霸企业。收购 ASL 完成后的 2006 年末，ASL-ASLMT 集团在世界范围内拥有超过 50 家大中型钢铁厂，分布在全球的 20 多个国家中，并在欧洲和美洲地区的钢铁市场中占据主导地位。

完成收购后的 ASL-ASLMT 集团在行业的各项排名中均处于绝对领先地位。

在全球营销网络方面，全球化的完整高效销售网络一直是 ASLMT 集团在行业中傲视群雄的看家本领，早在集团并购战略的第一阶段，公司便利用全球化的并购企业打通各个国家的销售和运输网络，利用该网络，公司在不同国家经营着深水港口生意，进一步拓宽了业务。相比较之下，产能与 ASLMT 集团相似的 ASL 集团在运输和销售网络建设方面则显得有些逊色，公司的钢铁主要销售到欧洲和亚洲地区，对于其他地区的营销渠道尚未打开。在和 ASLMT 集团完成合并之后，集团整体的销售网络建设迈上了一个更高水平的台阶，规模效应得以充分发挥，集团实现了维持极低成本的同时销售量和规模迅速扩张，并购和协同效应得到了实现。

5. ASLMT 集团并购发展启示

（1）并购重组是中国钢铁产业持续发展的重要战略选择。改革开放以后，我国以钢铁行业为基础和重要组成部分的重工业企业迅速发展，推动了我国长达几十年的经济快速增长。然而，在快速发展的背后，也逐渐暴露出了现阶段钢铁行业产能过剩、污染严重和盈利能力较低等一系列问题，而通过并购和重组实现企业间生产资源的高效分配、减少业内竞争、增强行业议价能力就是激发钢铁行业持续发展动能的重要路径之一。钢铁生产行业只是资源从开采到利用的一个中间环节，但是在这个环节中却又凝聚着如开采、运输、加工和销售等巨大的劳动成本，这也是钢铁价格常年偏低和业内企业盈利水平普遍低下的主要原因之一。议价能力薄弱的同时，钢铁企业原材料和成品的运输成本则常年高居不下，在涉及跨国业务时运输成本高的问题就更加突出，这就更反映出了企业合并重组对于成本控制的重要性（陈霞，2016）。

（2）成熟的金融市场和中介市场是行业发展的重要保障。对于重工业行业来说，大型企业之间的并购或者推行连续的并购战略需要大量的资金，在自有资金不够时往往又要支付高昂的负债成本，因此并购的顺利进行就要求企业所在地区内成熟的资本市场来保驾护航。纵观 ASLMT 集团 30 多年来的并购历程，通过稀释股份获得的权益资本贯穿于集团的各个大型并购交易中。但我国金融市场尚不完善，企业试图通过资本市场进行大额资金筹措耗时较长，难度也较大。此外，为并购重组提供配套辅助工作的投资银行等中介机构在我国的发展也亟待完善。

（3）重组后有效的资源整合是发挥协同效应的关键。2000 年以后，中国的一些大型国有钢铁企业逐步开始了试点性质的并购活动，但是并购范围主要限制在同一个地区中，并购模式主要以强弱联合为主，即大型企业对同一地区内进行业绩不佳的小型钢铁企业进行并购，并购的发起方以地方政府与国资委居多，并购资金的来源也是在政府和大型国有企业的信用背书下取得银行借款为主，并购模式相对单一。在我国实行供给侧结构性改革战略之后，跨省份之间的大型钢铁企业并购逐渐开始展开，并购模式和资金的筹措方法才逐渐多元化起来。相比之下，国外钢铁企业的并购一般属于互补型，如 ASLMT 通过并购 ASL 获得了其在世界范围内高效的营销网络，从而助推企业登上了新的台阶，这对于我国钢铁企业并购重组也提供了一定的启示：即钢铁行业企业通过提升市场集中度，促使行业自律实现产需动态平衡，打造世界一流超大型钢铁企业集团，促进钢铁行业高质量发展。

5.2.2 TT 钢铁并购 KLS 钢铁

1. 并购背景

TT 钢铁是亚洲范围内最大、成立时间最长的钢铁企业之一，公司成立于 1907 年，是印度最大的集团企业（TT 集团）之下控股的钢铁企业，同时也是世界前十的钢铁巨头。TT 钢铁公司的销售网络极广，涉及了东南亚地区的几乎全部国家和部分欧洲地区的国家，公司还在英国、中国和新加坡等近三十个国家和地区设立了生产基地。这得利于其在印度国内拥有的丰富的铁矿石资源和出色的内部管理能力，TT 钢铁是全球钢铁行业中综合成本最低的企业之一，其铁矿石生产成本比行业寡头 ASL – ASLMT 公司更低，这使得 TT 钢铁在世界范围内具有极强的竞争能力，较高的盈利水平也为其保持快速的发展和扩张速度提供了重要保障（谈莉，2015）。

KLS 诞生于 1999 年 10 月，公司总部位于英国伦敦。在被 TT 钢铁收购之前，KLS 粗钢产量排名世界第八，是世界范围内极具竞争力的一家钢铁制造商。其核心产品为建筑钢材，年销售额可到 160 亿美元。其市场范围以欧洲各国为主，同时辐射到北美等地区。KLS 钢铁在全球 40 多个国家设有完整的营销网络和服务中心，公司员工总数超过 5 万人（胡俊鸽等，2006）。

2. 并购过程概述

在收购 KLS 钢铁之前，TT 钢铁的产品市场主要集中于亚洲地区，常年来苦于没有打开通往欧洲市场大门的钥匙，收购 KLS 钢铁就是 TT 钢铁从亚洲迈向全球化的重要一步。

2006 年，为了打开欧洲市场的大门，TT 钢铁正式启动了对 KLS 钢铁的收购项目。经过三个月的谈判和斡旋，在 2007 年，TT 钢铁最终宣布以约 137 亿美元的总报价击败其他的竞争对手，成功完成了对 KLS 集团的并购活动，此次收购价格在当时刷新了印度企业进行跨国并购金额的最高纪录。并购成功后，TT 钢铁并未对 KLS 集团的内部管理结构和主营业务范围过多干涉，TT 钢铁与 KLS 钢铁公司仍然是互不干预的法律实体，但是两家公司的经营规划、生产计划和销售安排则是由集团统一制定，在这样的安排下，TT 钢铁与 KLS 实现了高度的资源协同。此次并购为 TT 钢铁的低价优质产品打开了通往欧洲市场的大门（谈莉，2015；韩瑞芸，2007；熊靓，2008）。

3. 并购效果分析

印度企业进行海外并购的主要目的是寻找海外优质资源，为企业自身发展提供帮助，而 TT 集团便是印度企业在海外并购活动中的代表。在进行海外并购时，TT 集团在并购发展之路中一直贯彻"以自我为主"的并购和资源整合战略，根据企业自身的特点和业务拓展的需要来决定是否并购，并购对象是谁等。成功收购 KLS 集团以后，TT 集团的海外经营业务收入增长迅速，TT 钢铁也凭借欧洲的广阔市场带来的业务增量稳固了世界前十钢铁公司的地位。但是，这次并购也并不是一蹴而就的。当母公司 TT 集团开始着手准备并购方案的信息透露到市场时，外界投资者对于这笔交易的前景并不乐观，由于 TT 集团对 KLS 钢铁所开出的收购价格相对较高，因此投资者认为并购活动会对 TT 钢铁的财务稳定性造成较大冲击，不利于公司的稳定经营。在这样的外部舆论环境下，TT 集团领导层贯彻了自己的发展策略和发展方针，坚持以相对较高的出价击败了竞争对手并最终完成了并购，并购一经完成，便立刻展现出了良好的协同效应。由于 TT 钢铁的开采和加工成本极低，其产品的主要成本凝聚在运输和销售环节中，而拥有完整欧洲销售网络的 KLS 钢铁的加入直接大幅削减了集团的产品成本，从而进一步提升了 TT 钢铁的竞争力。此外，在被收购之前，KLS 钢铁的年产能接近 2500 万吨，这对于 TT 钢铁来说本来就是一个极好的补充，对于进一步发挥规模效应有着巨大的帮助。

4. 案例成功启示与借鉴意义

（1）制定长远的全局发展规划，并购做到有选择、有目标、有方向。并购活动是企业实现发展目标、执行发展规划的一个步骤，而不是最终目的。对于并购对象的选择要以能否为企业长远发展提供帮助，是否可以起到积极的协同效应作为决策标准，这样才能使并购活动真正发挥出"一加一大于二"的效果，否则会导致不必要的资源浪费，甚至使企业背负巨大的债务负担，从而阻碍企业发展。在并购运作中，TT 集团一直保持了自身的独立性，在并购前即制定详细的收购计划和未来发展规划，并在收购完成后通过出色的管理和资源整合措施，确保被收购企业的发展道路始终稳定在规划好的轨道上，完整成熟的企业发展规划和高度统一的执行能力是并购能否成功的关键。

（2）政府的支持和完善的政策及法律法规是海外并购顺利推进的保障。在 TT 集团的海外版图扩张之路中，一直受到了印度政府的大力支持和帮助，印度政府不仅在程序审批和法律政策方面为 TT 集团的并购交易提供扶持，还会在特定时刻亲自出面与被收购企业所在地政府进行积极沟通。整体来看，我国企业，特别是大型的传统国有工业企业，随着"一带一路"建设向纵深推进，沿线国家需要兴建基础设施等，催生出对钢铁的大量需求，因此，借鉴印度 TT 集团的收购模式，获得国家政府部门的强力支持，钢铁行业能在不远的将来实现广阔的海外布局。

5.2.3　XRT 公司收购 ZY 金属

1. 收购背景

XRT 公司是日本最大的钢铁生产制造公司，也是世界前十的大型钢铁公司之一。公司的总部坐落在日本东京市。公司成立时间较早，历史悠久，至今已经有 100 多年的发展历史。XRT 公司的成长见证了日本工业在百年近代史之中的兴衰沿革，是日本的标志性企业之一。公司起初由六家相对较小的钢铁企业合并而成，在"二战"之后为了满足扩大生产规模的需要又由两家大中型钢铁生产企业继续合并，最终形成了现在的 XRT 公司，并在随后保持了高速的发展态势，成为了世界上最大的钢铁公司之一。

从 20 世纪 70 年代中期起，日本钢铁行业的发展遇到瓶颈，面临着产能过剩的现状，日本五大钢铁公司在日本政府和国内钢铁联盟组织的协调限产保价体制下运行了超过 30 年的时间，钢铁行业进行内部整顿调整，并逐渐恢复元气走向正轨，各大钢铁公司的收益基本保持稳定，并未出现公司间相互结盟重组的情况。直到 2000 年前夕，这种稳定的局面被日产汽车实行的新材料订购政策打破。当时，日产汽车将钢材的供货商从原来的 5 家公司缩减为 2 家公司，同时提升对 XRT 的订货量以此作为压价的手段，而 XRT 公司则利用其规模效应显著、议价能力强等优势接受了日产汽车的订单，这打破了原来的市场平衡，使得产业下游企业被迫纷纷降价，这对本就疲软的钢铁行业造成了巨大的冲击，日本钢铁行业的公司再次面临着打"价格战"的困境，公司利润微薄，生产经营处于危机之中。

在这种情况之下，日本各大钢铁公司纷纷并购重组，以此来抵抗恶劣的市场环境。日本 GG 和 CQ 制铁在日本钢铁行业内分别排名靠前，产量加总与 XRT 公司的产量基本持平，两家公司意识到只有通过合并才能迅速扩大生产能力，实现规模效应，增加议价能力和盈利能力，进而达到与 XRT 公司抗衡的目的。经过双方协商，于 2000 年达成了重组的意愿，又经过 2 年的准备，于 2002 年 1 月经日本公正交易委员会审查批准后，正式宣布合并为 JFE 公司。合并后的 JFE 公司产量高达 2800 万吨，与当时的 XRT 公司产量相当。

面对两大公司合并后的 JFE 公司不断增强其竞争力，XRT 在日本激烈的钢铁市场竞争中已经难以占到上风，其市场份额和利润水平均受到了极大的冲击。此外，日本国内的市场需求量趋于饱和，需求增长缓慢，因此尽快开拓海外市场才是维持企业健康发展的方向所在。在这种情况下，XRT 也走上了通过并购发展自身道路，其选择的并购目标是当时日本第三大钢铁企业 ZY 金属（景晓洋，2012；王海兵，2018；孙毅，2014；贾孟冉，2016）。

2. 收购过程及收购模式分析

本案例采用的并购模式主要有合作式联盟并购和强强联盟并购两种模式。这两种模式在 XRT 公司合并 ZY 金属的案例中先后都有所体现。

合作式联盟并购是指企业间通过非经营权转移的合作实现非法律形式上的合并，最终达到加强企业间合作关系，结成战略同盟的合并模式。2003 年，XRT 钢铁公司宣布和 ZY 金属及 SH 制钢以交叉持股的方式结成战略联盟。在这样的合作模式下，三家钢铁企业共享销售渠道，在经营战略上进一步趋同，不仅进一步增长了各自的竞争力，同时也增强了抵御市场变动风险和被其他跨国大型钢铁企业恶意收购的风险。2005 年，XRT 公司又进一步和日本另一家大型钢铁企业 ZS 制钢达成战略合作协议，XRT 增持 ZS 制钢 7% 的股份，从而将 ZS 制钢也加入到战略软联盟之中。

强强联盟并购模式是指两家综合实力强大的大型企业通过合并组成一家具有区域性垄断能力企业的并购活动。根据前述两个案例的分析，在钢铁行业内，由于具有显著的规模效应，世界范围中多家企业主要采用强强联合的方式，一是可以降低成本，二是可以快速进行海外布局，抢占全球市场份额，增强企业竞争力。为了抵御 JFE 公司对 XRT 的冲击，XRT 集团在 2011 年 9 月正式宣布就收购 ZY 金属达成协议，是近年来日本企业规模最大的合并案例之一。两家企业具体的收购方式通过换股来进行。合并后，两家公司原本的董事长分别在新的公司中共同担任重要的管理职责，双方在公司内的权利相互制衡，共同管理新公司的发展（孙毅，2014；刘欣博，2015；王晓齐，2008）。

3. 案例启示与借鉴价值

（1）差异性和互补性是选择并购对象的重要标准。在寻求并购对象时，应当立足于自身的发展约束和发展需求，对市场中潜在的收购对象进行逐一分析，对其企业的优势资源和整合成本进行详细研究。如在 XRT 收购 ZY 金属的案例中，XRT 深知当下自身的主要需求是迅速提升总体产量，保持国内领先地位和尽快打开海外市场。因而排名日本第三、拥有完整海外销售网络的 ZY 金属变成了 XRT 的完美目标。通过换股形式的收购，使得 XRT 公司不以较多的现金支付就能以较低的代价获得公司需要的海外销售渠道，大幅降低了企业的销售和运输成本，同时巩固了 XRT 在日本国内的领先地位，增强了市场竞争力。

（2）结成战略同盟是收购前进行资源整合的有效方法。在 2011 年正式收购 ZY 金属之前，XRT 首先同 ZY 金属达成了战略同盟协议，加强双方的技术交流和销售渠道共享，在经过数年的资源整合过程后，双方才正式达成了收购协议。这种在收购前通过战略结盟形式进行过渡的方法，既可以降低收购后的经营风险，也可以减小资源整合的成本。同时，通过交叉持股形式达成的战略同盟还可以避免被海外企业恶意并购的风险，是大型企业间维持稳定发展，提升竞争能力的重要手段（高双和袁宇峰，2017）。

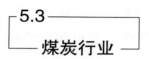

5.3 煤炭行业

煤炭行业属于典型的传统型行业，去过剩产能、提升产成品质量是当下我国煤炭的行业发展方向。由于其带有自然垄断的基本属性，行业内企业的规模化发展是趋势所向，为推动我国如煤炭等传统行业的转型升级，通过迅速整合、盘活企业资源进行兼并重组，利用扩大企业业务经营范围及技术水平等重要措施。

5.3.1 YM 澳大利亚有限公司兼并 CA

1. 公司简介

YM 股份有限公司的经营范围主要涉及煤炭生产、化工等深加工与电力、热力、运输类业务。YM 在境内外双双上市，在以专利技术为依托做大、做强业务的同时，YM 还重视对资本市场的高效利用，以股票、债券等多种资本运作方式为依托进行融资、投资与技术吸纳，并以多次兼并重组成功扩展自身业务种类与业务范围，扩大自身产能优势与技术优势。2004 年，YM 完成了第一个海外资源开发项目南田煤矿，将专利技术第一次运用到境外煤炭开采业务中去，在中国煤企历史上首次实现了技术、资本的输出，与山东、陕西、内蒙古、澳洲等国内外地区共建十座煤矿资源，营收上榜《财富》中国 500 强企业第 58 位。YM 澳大利亚有限公司于 2004 年由 YM 股份有限公司经收购多家澳大利亚煤矿产地产、资产而设立形成的于澳洲上市的控股子公司（张文静，2018；吴玉华，2018）。CA 原为澳洲第六大煤矿商，资产质量优良。

2. 并购背景

兼并重组与资本市场运作虽然为 YM 澳洲带来了一定程度的资源扩张，但由于 YM 设立 YM 澳洲时资本投入不足，自 2013 年的商业判断失误事件使 YM 澳洲亏损近 50 亿元人民币起，YM 澳洲便陷入了长期亏损，但债台高筑并未能阻断其持续性扩张的脚步。以借贷作为后续收购的主要方式，YM 澳洲对菲尼克斯的收购开出 32 亿美元现金的对价，大半以借贷完成交割。在企业股价不断走低、企业市值触底的情况下，YM 澳洲于 2014 年发行了面值 100 美元、年利率为 5%，有效期为 30 年的可转债，但市场热情不高，最终 YM 以 0.1 美元/股的价格认购 18.01 亿美元，暂时控制住了财报上的负债水平。除此之外，YM 将三家亏损严重的煤矿资产的经营权转让给目标公司，让目标公司将经营权证券化进行出售，在财报中剔除掉亏损严重的项目。

持续性举债扩张加之澳洲对并购、用工的客观限制，YM 澳洲的企业负债率居高不下，且糟糕的财务与业务状况使得股市对其几乎没有帮扶与拉动作用。2016 年，煤炭行业供过于求、天然气需求持续增长导致整体市场低迷，虽然 YM 在澳洲的煤炭储量居中游水平，但收购矿产质量不一，其财务费用与银行费用达 3.23 亿澳元，资产负债率超 80%。如何有效盘活现有资产实现自救，YM 澳洲的答案依旧是并购（童俊，2020；古成林，2019）。

3. 并购过程

2016 年，LT 公司出于自身战略性资产重组考量，出售其全资企业 CA 联合煤炭公司，拟转让其全资全部股权。CA 的经营状况与产量十分可观，其优良的煤炭储备可对澳洲资产储备状况带来改善，在辅以管理后，其加总后的绝对性高级别储备量与高盈利能力能带亮煤澳洲走出当下的债务困境，并打开后续新的盈利空间与发展市场。

2017 年，LT 公司同 YM 澳洲就高达 32 亿美元的 CA 的完全收购方案达成一致意见。除此之外，YM 澳洲还需向与 LT 公司建立随售条约的 SL 公司进行 CA 名下部分核心资产进行股权收购。

然而，在 2017 年 6 月 9 日 LT 公司股东会召开前夕，瑞士大宗商品贸易巨头 GL 突然参与竞价，以包括 CA 核心资产股权收购在内的 34 亿美元总价提升并购价并附加与煤价挂钩的专营权费条款，YM 澳洲以相当的金额对价与对资金的保障函第一时间做出回应。自此，YM 澳洲与 GL 开启了多轮竞价。此后，GL 以更高对价与赔偿金针对 YM 澳洲的提价与资金到位保障策略进行压制，而 YM 方面则通过提升与分割或然使用费用将对价提升至 36 亿美元。

最终，YM 澳洲以资金到位的更低时间成本与更高总对价在此次与巨头 GL 的多轮对价中胜出。

从并购结果上看，YM 澳洲顺利进行了定向增发，并以低价配发新股。在低价配发新股方面，YM 以 10 亿美元的认购承诺进行保底，XD、GL 等企业均参与了认购，总融资额达 23 亿余美元，YM 澳洲解决了当期支付款项的问题，并以或然使用费用的分摊与认购企业达成战略合作关系。通过此次并购，YM 也得以破除以往低股价与高比例持股的阻碍，实施其对 YM 澳洲的可转债转股，进一步大幅扩充了 YM 澳洲的股本容量，每年节省约 0.9 亿美元的财务费用，且转变了过去一股独大的股东结构。值得一提的是，经过协商，GL 代替 YM 澳洲完成了 SL 与 LT 协议中关于 HVO 资产转让的随售条款，减轻了 YM 澳洲的资金问题，最终获得 HVO 资产 52% 的实际控制。从股权架构来看，GL 实现了与 YM 澳洲共同控制 C&A 核心资产 HVO 的局面，并通过共同设立资产管理委员会，对资产营运的市场划分作出进一步划分规定。至此可知，GL 对 HVO 获取实际控制权所付出的成本相较单独并购而言低了近 60%，并通过资产管理委员会的后续运营安排实现了与 YM 澳洲的战略合作，或许这也是嘉能可在当初放弃竞价的原因所在。

4. 并购效果分析

历经并购与配股增发，YM 澳洲的股本及优良资产得到大幅提升，新增矿场使 YM 澳洲在全球海运动力煤市场占据更有利的地位，YM 澳洲产品构成进一步丰富产品质量，使之得到提升，并使公司利润率与现金流得到改善，股东结构更加多元化，加之与 GL 的合作带来的公司治理架构改革，YM 澳洲完成了混合所有制改制。总体而言，与嘉能可一道完成的 C&A 收购使其成功盘活老旧资产，负债情况明显改善，并成为 YM 的重要营收来源之一。

在公司盈利与成长能力方面，由年报可知，YM 澳洲实现营业收入 48.5 亿澳元，增长率达到 86%，净利润自 2017 年以来增长两倍之多，2018 年达到 272.05%，但 2019 年有一定回落，整体表现出并购对公司产品市场需求和业务扩张的支持作用。从净资产收益率（ROE）及相关指标上看，2013 年起 YM 澳洲的举债扩张使得其负债率居高不下，而连年亏损的现状使得 ROE 一度由 2012 年的 22.44% 降至 – 59%，可转债发行和 YM 的认购暂时性控制住资产负债率并对 ROE 有账面层面的一定拉动。在 2017 年完成对 C&A 的收购后，优质资产盘活企业老旧资产实现 2.46 亿澳元的净利润，扭亏为盈，ROE 也在五年来首次实现 7.7% 的正向增加，并于随后两年实现 15.67% 和 11.99% 的持续性增长，直观体现出并购对其资产的盘活作用。

在公司偿债与营运能力方面，从资产负债率上看，相较于约 60% 的行业平均资产负债率值，YM 澳洲在并购前除 2014 年因发行可转债暂时控制账面负债余额使得负债率回落至 66.75% 外，其余年份的负债率均值高达81.22%。2017年起其实现了负债率的持续性回落,由2017年的59.04%下降至52.95%,在2019年仅为44.44%,负债绝对值也由72.7亿澳元下降至49.3亿澳元;流动资产是保证企业生产链条正常运转的关键。从速动比率上看,由于2013年的应收账款172.62%的增长及2014年可转债发行对其他流动性资产3786.86%的短暂支持,其均值整体在普遍衡量标准1之上,虽然2019年又回落至0.72,但2017年收购完成后应收账款周转率前后均值由4.96变为7.28,2019年更达8.54,说明其短期偿债能力较好,较低的速动比率可接受。在固定资产周转率方面,YM澳洲收购完成后资产得到明显提升,均值由0.82提升至1.48,体现出新资产加入对总资产的盘活作用与对固定资产的更充分利用(半夏,2020)。[①]

5. 并购模式分析与经验借鉴

(1)通过横向并购盘活企业老旧资产。在YM的案例中,其兼并重组综合运用了横向并购、合资控股等多种方法,即使在资产负债率居高的情况下仍坚持以规模作为战略导向。有YM煤业的大力支持,才有了CA的优质资源与其对存量资源的带动盘活作用,除此之外其并购的议价专业能力和与竞争者的谈判能力也是其成功的重要原因之一。

(2)合资控股避免恶性竞争。在与GL公司的竞标过程中,经过协商,GL通过支付11.39亿美元获得HVO 49%的股权,加上其对YM澳洲的部分股权,形成对CA的重要控制;XD、GL等合作伙伴对新股配发进行的认购更助力对CA的收购。总体而言,双方以高效完成交易为最终目的,在几轮竞价后达成一致合作关系,GL在对YM的资金帮扶基础上以更低成本获取对CA下属核心资产HVO的控制,YM则以更低资

---

① 资料来源:Wind数据库。

金付出实现战略性新资产注入，二者各取所需。

（3）股东的有力支持与自身的交易管理能力。YM 从最初出资建设 YM 澳洲开始，对债转股、后续收购新配发股份的兜底认购举措都体现了其作为 YM 澳洲大股东的担当与支持。反观竞价过程，YM 澳洲对 GL 竞价的反应速度越来越快，也体现出 YM 澳洲在单轮竞价博弈过程中对后续战略的部署决策，最终通过价格信号捕捉达成与 GL 的战略合作关系。

5.3.2　中国 SH-GD 重组

1. 公司简介

SH 集团为国有独资企业，基于煤的开发利用，其业务范围拓展到包括煤炭销售、电、热力供应与铁路运输等产运销的一条龙经营。SH 集团的煤炭开采业务在 2018 年占其总收入的 61%，在合并重组前，其拥有井工产煤基地、露天基地等多个世界亿吨级之"最"。先后与各大国有银行、省市政府、大型能源企业签订合作协议，拓展业务领域范围并加强跨领域的强强合作与优势互补，重视技术创新、清洁加工与新能源研究（史源，2018；梁潇，2019；孔祥睿，2019；吴琦，2017）。中国 GD 集团于 2002 年经国务院批准正式成立并直接由中央管理，其业务范围除电源开发产销和电热力的产销外，更包括新能源、高新技术、技术服务与咨询、相关投融资管理，实现跨业、区与所有制经营等。2017 年 11 月，两个集团合并重组更名为 CE 集团，以 SH 为母公司对 GD 进行吸收合并。①

---

① 资料来源：Wind 数据库。

2. 重组背景

发电作为我国煤炭的主要下游行业，火电的消费量占据一半的行业总量。相较以前为避免行业垄断、一家独大的现象，通过提升市场活跃度而施行巨型国企拆分。近年来，煤炭、电力资源的需求增速逐步放缓，市场呈结构与周期性供给过剩，企业盲目的规模扩张与重复投入、内耗与同质化过度竞争加剧使得行业内企业效益下降，经营困难加剧。SH 的动力煤外销，GD 需以进口填补需求缺口，而 2016 年供给侧结构性改革对煤炭总供应量的冲击导致的煤炭价格提升对火电企业压力较大，相较 SH 集团，GD 的盈利能力受重大影响，发电业务亏损。

两家公司的火电业务在华北、华南的高度重合度以组建合资管理公司是能源专业化管理与降低行业内部竞争程度的重要措施，更方便在集团内部进行资产优劣排序，适时退出过剩产能；除此之外，长期以来的煤电矛盾与资源禀赋差异使得纵向兼并重组、煤电联营成为解决问题的高效实践路径，创建稳定的供应链条关系，扶持盘活国电资产并形成结盟关系。从企业间、行业内角度看可通过减少不必要的重复性投资实现协同的规模效应。总体而言，合并是进一步深化国有企业改革，破除恶性竞争、提质增效、化解过剩产能的实践路径。

3. 重组过程

早在 2016 年 3 月，重组双方便在准备重组资金。SH 方面，中国 SH 以期末股息和特别股息形式分两次进行股息派发，总金额达 590 亿元，而 SH 集团作为其大股东从分红中获四百余亿元；GD 方面则通过对其旗下水电公司有频繁股权、债权转让。

如表 5 – 6 所示，经国务院国资委批准，2018 年 8 月，两集团合并的交接条件已经全部满足，至此完成合并重组。重组后 GD 集团注销，SH 更名为国家能源集团。

表 5 - 6	并购时间线
时间	事件
2017 年 6 月	各控股公司以重大事项为由停牌
2017 年 8 月	国资委同意集团间合并，以 SH 为母公司改名
2017 年 11 月	NY 集团召开成立会议
2018 年 2 月	NY 集团与 GD 正式合并
2018 年 3 月	GD 公布合资公司报告书
2018 年 8 月	反垄断局通过审核，全部合并条件得到满足

4. 重组效果分析

由发布公告可知，国家 NY 集团通过此次合并共持有 GD 近 50% 股份，下设煤炭及煤炭化工、新能源、运输等业务，在装机规模、风电装机规模上遥遥领先，形成世界上最大的煤企、火电企与清洁能源发电企业。从 2016 年 SH 与 GD 的财务数据上看，SH 总资产近万亿，负债率近 50%；而 GD 方总资产约为 8000 亿元，但负债率高达 80%。合并后，集团总资产达 1.8 万亿元，利润为 63.50 亿元，负债率降至 61.40%，生产成本降低。总体而言，各项指标体现出二者重组后 1 + 1 > 2 的协同效应与财务效应。

5. 重组模式与经验借鉴

强强联合施行煤电一体化（联营）纵向重组的优良实践，实行煤电联营使得煤炭最重要的需求端与供给端紧密结合，加强了煤炭市场的稳定性，并可更好地清理老旧落后产能，降低火电企业成本。SH 对 GD 而言有强大的资金支持与火电业务的稳定煤炭供应，而 GD 对 SH 则有降低排放、新能源研发的可持续发展助力，既可解决煤电矛盾，又能提质增效、发挥企业的协同作用，对过去煤、电的区别与分离运营带来的低效与高交易成本进行弥补与风险分散。因此，对于此类企业，可通过对如火电一类上下游有紧密联系的产业链进行战略性融合与规模化运营以推进电价的形成机制改革。从国际市场角度看，过剩电力可通过周边"一带一路"沿线国家的缺口实现输出与市场扩张。

5.3.3 美国 PBD 煤炭公司

1. 并购背景及历程

PBD 能源集团创立于 1883 年，曾是美国最大的煤炭生产商，其年产量达全美煤产量的 20%，业务主要为煤炭采销。作为历史悠久的老牌企业，其公司历史更像一部兼并重组史。伴随着第二次工业革命，PBD 建立了第一座煤矿，并在对煤炭储量的不断加购扩张、与 XKL 等领头企业合并与对固定资产设备的更新换代后，其体量、产能与影响力不断提升，开始逐步探索国外市场。自 1990 年后，历经多次产能扩张、兼并重组过程，PBD 美国能源公司成立（王亚男，2014；闫笑炜，2017；黄词和周骁，2021）。但 PBD 在国内的主要产煤多为火电供应煤且出口煤多用于炼钢，但由于天然气的普及，以及如中国等进口国的钢铁产能过剩，其业务与销售量受到很大影响。2016 年，PBD 正式向美国破产法院申请破产保护。

2. 失败原因与经验

（1）内需和外需吃紧。在美国本土方面，煤炭销售与依存度受石油能源与新能源的冲击而大大降低。美国能源结构与美国经济发展相关性高：工业与运输的发展与汽车保有量的增大使得石油的经济依赖度超越煤炭；而随着信息服务等第三产业的崛起与产业结构的调整升级，使得能源结构中天然气进一步超越煤炭，国内的煤炭需求仅余 10% 左右；之后，页岩气使得天然气供应逐步增加，价格大幅下降。2015 年，美国天然气发电量已经赶上煤炭发电量。近年来，除化石能源在经济中能源消耗的绝对领先地位外，可再生能源与清洁性新能源的使用占比也在不断上升。内需不足意味着过剩产能的跨国输出。中国市场以前为美国煤炭的进口第一大国，但随着我国进入高质量低增速的新常态发展阶段，供给侧结构性改革与去产能、补短板的主要发展目标使得我国用于火电、炼钢等领域的煤炭进口量大幅下滑。

（2）对经济周期波动的忽视。PBD 一味地扩张与收购兼并举措可能受经济低迷与煤炭能源市场环境影响而转而成为集团的拖累。PBD 多进行典型的资源导向型横向合并，如其以高杠杆对澳洲 MKAS 煤炭公司的收购后受随后年份的煤价一路跳水使得公司的负债率居高不下。

总而言之，PBD 不应以体量与扩张带来的规模效应作为企业发展的唯一策略，应根据经济大环境形势、煤炭市场状况、企业财务状况与并购标的筛选状况谨慎选择发展策略。如 YM 澳洲通过对优质资产 CA 的收购在高负债率状况下依旧在与 GL 的战略协作下完成对其老旧资产的全面盘活，是在市场环境良好的前提下进行的优质资产引入战略性并购。在大环境与需求萎缩的前提下，再进一步的扩张便是盲目的。

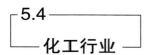

5.4　化工行业

目前，全球的化工行业存在产业发展呈现周期性、原料来源多元化、下游需求高端化、发展模式趋于规模化和一体化、产业集群逐步向上游原料和下游市场靠拢的特点，而同时存在着产业结构的调整加速、企业的业务聚焦和兼并重组向创新和绿色驱动与数字化革命的方向发展；在市场份额与竞争层面，美国企业由于规模优势，拥有强大的资金实力进行研发投入，形成了长期的技术领先良性循环发展模式，对于我国化工企业而言，兼并重组是经济下行趋势下提升产业集聚程度、增强创新水平的重要途径。

5.4.1 ZSH 并购 LPSE

1. 公司简介

ZSH 是国资委直属的央企企业，是一家上中下游一体化、石油石化主页突出、具有较为完备销售网络的公司，具体主营业务包括石油及天然气勘探、采运，石油炼制与石油衍生品制造等。ZSH 国际石油勘探开发有限公司是 ZSH 集团的全资子公司，是 ZSH 集团对外进行海外油气勘探开发经营合作的代表性战略经营唯一化专业公司。

LPSE-YPF 公司作为西班牙最大的油气化工一体化公司，是由 LPSE 公司与阿根廷 YPF 公司合并组建而成的，主要从事石油及天然气的勘探、采炼与销售，同时也从事发电业务，其油气勘探的业务主要分布在拉丁美洲、北非、北海、中东等多个地区，下游的炼制及加油站销售业务在阿根廷、西班牙拥有近 40% 的市场份额，其更是欧洲主要的液化石油气销售商，其在巴西的公司拥有油田资源与海上勘探技术。2010 年，ZSH 国际石油勘探开发有限公司与西班牙 LPSE-YPF 公司完成股份认购，成立合资公司。

2. 并购背景及过程

2008 年经济危机从金融向实体经济的转移，通过油价下挫对我国石油化工行业造成了严重影响，并在产业链下游的萎靡需求中体现出来，成品油库存不断增加，下游产业制造业开工率不断下降，LPSE 的石油产量也因此受到影响，连年下降，虽然在巴西等地的进一步扩张性勘测投资实现资源盘活，但资本匮乏使其开拓无力；对于行业状况而言，我国石化资源储备形式特殊，技术研发相对落后、存在一定限制，ZSH 作为我国最大的全产业链能源公司，对原油加工的进口需求量极大，而勘测开采的技术引进与中上游的盈利能力提升则对其而言至关重要，但超过 70% 的原产油需要通过进口获取。

经济危机虽然对石化行业造成了巨大打击，但危机过后的复苏期为 ZSH 等大型石化企业的超越发展提供了机遇：与 LPSE 公司合并，是对 LPSE 先进海上勘探技术与油田开发资源共享的获取，为 ZSH 的超车发展提供资源与技术共享。

2010 年 8 月，ZSH 与 LPSE 达成初步协定，以对其子公司 LPSE-YPF 以股权认购的方式对其巴西油田勘探项目进行资金扶持。2010 年 10 月，双方达成确认性协议，ZSH 以 40% 的比例认购 LPSE 的定向新增股份，收购其在巴西的石油勘探公司。股权收购完成后，合资公司市值高达近 180 亿美元。

3. 重组效果分析

通过此次收购，ZSH 与 LPSE 达成深度合作，可共同开发巴西境内的共有资产，参与新区块投标与更多南美地区油气作业战略目标。对 ZSH 而言，可通过海上油气勘测开发的作业技术引进积累相关经验并开拓海外油气优质资产，提升石化上游业务的盈利能力；对 LPSE 而言，也可帮助其实现海上油田的项目扩张。

4. 并购模式与经验分析

（1）以技术引进为目的的横向跨国并购。ZSH 通过与 LPSE 巴西公司的合并与合资公司建立，一方面实现了高煤炭进口需求缺口的补足，另一方面则通过 LPSE 丰富的海上勘测经验及高端技术引进为自身未来海上作业效率提升与国际市场的进一步开拓提供更大可能性；除此之外，LPSE 也通过和中石化间的战略合作，使其利用充足的资金进行项目的进一步勘测，双方的并购有双赢效果，跨国并购更为 ZSH 进军欧洲市场提供了便利。

（2）巨额现金支付方式加大偿债负担。此案例虽在并购标的、目的方面具一定参考价值，但在收购支付模式方面，由于石油类化工企业体量大，并购资金需求额度极高，但约 70 亿美元的收购却仍采取现金收购方式，对企业的偿债能力造成直接的较大影响，企业偿债压力陡然提升。对于大体量的收购来说，相较纯现金的交割形式而言，如果加入换股收购的经验，国际惯用支付措施可为企业并购行为后的持续发展与整合融合提供更大的发挥空间与更小的制约性，并能够为双方降低一次性税负压力。除此之外，也可借助资本、货币市场提升交易手段的丰富化与多样性。

5.4.2 DCC 和 DP 的合并与分拆

1. 公司简介

DCC 化学作为美国的龙头化工企业，成立于 1897 年，是世界化学工业界第二大的公司，是在五十余个国家及地区建厂的跨国性公司，主要业务囊括水净化、造纸、药品、食品及食品包装，以及个人护理产品、家居等众多领域，业务覆盖 160 个国家和地区。

DP 公司作为美国以科学研发为基础的全球性企业，成立于 1802 年，是世界化学工业界第三大的公司，旨在以产品、材料研发创新为全球市场提供科学工程能力，其业务囊括电子材料、能源与公用设施、采矿、农业与食品、工程塑料、楼宇与建筑、通信和交通、能源与生物应用科技等众多领域（刘晓斌，2016）。

2017 年，DCC 化学和 DP 美国完成全球化工行业内最大的合并，超越巴斯夫成为世界第一大化工企业，而后进行资产重组与拆分，将农业板块分出进行专有化管理。

2. 并购背景

外部环境方面，2015 年，由于全球环境、美国经济增长缓慢与油价波动影响，全球农化市场发展低迷，农药市场销售额均出现下滑，DCC 与 DP 的农业板块分别下降 11%、13%，行业内的重组兼并达到高潮，纷纷通过收购实现强强联手并对冲行业发展形势对企业业绩带来的负面影响。内部环境方面，DCC 与美国 DP 公司中的大股东多为大型基金公司，对于企业业绩更多是持有资本市场层面的短期高回报预期，虽 DP 在并购前欲着手分离钛白粉等不良资产，但调整力度较小。在公司业绩表现黯然的情况下，基金公司股东对两家企业变革做出了更高程度与范围的要求，而新任 DP 公司 CEO 以其"点石成金"的分业拆分、并购盘活经历为依托，与 DCC 联手发起震动化工行业的最大规模并购案。

3. 兼并及分拆过程

2015 年 12 月，DCC 与 DP 达成平等的合并协议，对合并后的公司进行"DCCDP"命名，任 DCC 的 CEO 为合并公司董事长，DP 的 CEO 任合并公司 CEO。2016 年 5 月，双方正式宣布合并公司的人事任命。

2017 年 3 月，欧盟附加限制性条件对双方的合并进行审批，要求合并需进行部分资产剥离，DCC 及 DP 对附件条件进行合并计划重构，推迟预先的合并计划。2017 年 6 月，美国反垄断机构以出售农作物保护产品与其他资产的附带条件批准双方合并。

2017 年 8 月，双方的合并安排逐渐清晰，计划合并后进行业务分拆；8 月 31 日，双方的平等合并于收盘后完成，DCC、DP 分别持有 50% 股份。同年 9 月 1 日，DCCDP 公司于纽约证券交易所上市交易，并表示预计于 18 个月内完成分拆。

拆分方案如下：2019 年 CTVA 公司宣布完成从 DCCDP 公司的拆分，独立上市成为专注于农业科技的公司，CTVA 结合了种子业务与 DCC 的化学产品和生物技术部门。其中，原 DCC 除农业和电子材料外部门、原 DP 功能材料部门组成了新 DCC，主要从事化学材料业务；原 DCC 的电子材料部门、原 DP 除农业、功能材料外的部门组成了新 DP，主要从事以创新为导向的特种产品业务。自此，DCC、DP 公司在合并后通过保留自身的领先部门业务，合并两家公司间亏损相对严重、高度互补的农业部门，正式拆分成为新 DCC、CTVA、新 DP 三家领先行业的独立上市公司，自此，DCC、DP 的合并分拆计划基本完成。

4. 兼并分拆效果

从财务数据上看，在 DCC、DP 进行合并的过程中，DCC、DP 的股价累计上涨 11%；合并后，DCCDP 合并公司的营业收入达到了 770 亿美元，公司市值超 1500 亿美元，员工高达 10 万人，成为世界第一大化工企业；拆分后，CTVA 的经营业额达 140 亿美元。[①]

从公司战略来看，DCC、DP 均有从基础化学品向特种化学领域进军的战略部署，而双方通过良性资产合并、竞争消除、不良资产独立解决了农业业务为两家公司带来的亏损问题，节省了公司的高额农业研发支出，使得新 DCC 有更多精力进行化工板块的专项研发，极大程度地通过资源置换与配置优化促进了这种转型。

对于全球化工行业而言，DCCDP 的拆分造出了三个更专业、技术更领先、竞争力更强大的企业，为化工行业带来强劲的新三大巨头，行业

---

① 资料来源：Wind 数据库。

内部的创新竞争趋势将更加激烈。

5. 兼并模式与经验借鉴

（1）强强联合的横向并购。在并购前，化工行业内存在 BSF、DCC 和 DP "三巨头"的竞争困局，而 DCC 和 DP 的联手打破了行业竞争僵局与自身转型瓶颈，以强强联合的方式为公司的特种化学品战略转型目标更好地服务，共同争取更大的市场话语权与转型实力。

（2）深化分工效率的专业化分拆。强强联合的合并并非 DCC 和 DP 的最终目标，为实现其特种化学品战略目标转型，双方明确自身优势与劣势，选择深化自身擅长的专业业务领域，整合相似的优质资源，拆分出互补的不良资产，通过同业竞争消除、互补性技术业务支持、深化分工效率的企业分拆，为 DCC 和 DP 提供了资源优化与协同效应，降低了冗余环节的管理成本，提升了其优势领域的创新能力与市场份额，确保了细分业务的决策独立性与竞争力，加快了双方的转型效率。

（3）针对竞争环境变化进行快速战略调整。在经济全球化的激烈竞争与经济下行现状下，理性部署、果断决策、精细化分拆的合并分拆计划为 DCC 和 DP 带来领域专业化下的强大竞争力提升，符合时代、行业竞争变化特点，延长了企业产品生命周期。要针对环境变化果断进行企业战略决策，适当利用合并等方式为企业资源优化带来更多机遇。

（4）合并与对价方案的针对性设计。DCC 和 DP 的合并分拆计划十分精细，对其资产重新配置与效率提升、企业转型起到了良好的推动作用，是两者双赢的合并计划。企业兼并重组应从自身实力与发展规划进行详细的考量，注重标的、对价方式选取，避免债务负担过重、信息不对称等问题带来的重组风险。

5.5 ——
建筑行业

5.5.1 LD 集团重组 JF 投资[①]

1. 并购案例描述

上海 LD 建设集团有限公司成立于 1992 年，总部坐落于上海，业务范围包括房地产、能源、金融及酒店等。上海 LD 建设集团有限公司的房产项目覆盖几乎中国所有省份，该集团在超高层住宅、城市综合体等方面的技术遥遥领先[①]。同时，该公司也是在美国及澳洲等地区房产投资规模最大的中国企业之一（王岩，2017；楚璐颖，2017；卢秋颖，2015）。

LD 集团和 JF 投资并购重组，同时完成公司上市，这不仅是上海政府推动国有资本市场化改革的重要环节，也是 LD 集团和 JF 投资摆脱发展困境的重要渠道。

2014 年 3 月，JF 投资对重大资产重组预案进行公告，预案显示，其重大资产重组方案包含置换资产和发行股份购买资产这两个步骤。具体而言，JF 投资将公司的全部资产和负债与 LD 集团的等价值股权进行置换，随后，JF 投资面向 LD 集团的全部股东采取非公开发行的方式发行 A 股股票，购买股东的 LD 集团股份。2014 年 6 月 17 日，上海市国资委通过该预案；2015 年 6 月，与本次资产重组相关的股权过户和工商变更等关键工作均落实到位。通过此次重大资产重组，LD 集团成为 JF 投资

---

① 资料来源：《中国上市公司并购重组案例精编》；财务数据来自上市公司公开年报，可以公开。

的全资子公司。通过本次重大资产重组活动，LD 集团成功上市，同时公司采取多元化发展策略，业务领域涉及金融、能源等方面，能有效促进 LD 集团的长远健康发展。

2. 并购后企业财务分析

重大资产重组后，LD 公司 2015 年的净利润同比上升 23.64%；尽管主营业务收入同比降低 20.80%，但公司每股收益和净资产收益率则稳步上升（见表 5 – 7）。

表 5 –7　　　　　　　　　重组后 LD 控股主要财务指标

指标	2014 年	2015 年
总资产（万元）	50895866.15	60043607.04
净资产（万元）	4648448.58	5307575.45
每股净资产（元/股）	—	4.56
资产负债率（%）	90.87	91.16
主营业务收入（万元）	26168169.77	20725659.48
净利润（万元）	556979.36	688642.67
每股收益（元/股）	0.50	0.58
净资产收益率（%）	12.62	14.12

3. 案例启示

（1）通过并购重组实现混改，"国有股"从绝对控股转变为相对控股。在 LD 集团重组上市过程中，LD 集团股本结构中国有股的持股比例明显减小。同时，持股各方通过出售股份、兼并重组等方式，使 LD 集团的股权结构更加完善和合理，国有资本持股、民营资本持股和员工持股这三者之间相互约束、相互制衡，能够有效提高公司的管理效率和运营效率，有效提高公司的利润和收入，同时也为 LD 集团进一步深化改革打下了良好的基础。

（2）通过并购重组，国有出资机构完成了从"管理企业"到"管理资本"的转型。在推进 LD 集团重组上市的过程中，上海市国资委的管理思路发生改变，从"管企业"转向"管资本"，主动放弃绝对控股权，通过其管控的上海 DC 集团和上海 CT 总公司共计持有 LD 集团46.37% 的股份，由绝对控股变为相对控股。同时发布公告声明不参与 LD 集团的生产经营，更加重视公司的盈利能力和投资回报率，这保证了 LD 集团相对独立的经营权，能有效完善企业的治理结构和管理制度，为企业在激烈的市场化竞争中提供了一定的优势（张馨元，2019；李芳，2017）。

5.5.2　中国 JJ 并购成长案例

1. 企业背景简介

2005 年 12 月，中国 GW 建设集团和中国 LQ 集团通过新设合并的途径进行资产合并重组，成立中国 JJ 集团有限公司。中国 JJ 从成立发展至今，旗下拥有 60 多家全资和控股子公司，经营业务领域涉及桥梁、公路、巷道、铁路、隧道、码头、港口等众多基础建设的勘察、设计、建设；大型海洋设备、筑路机械的生产制造；房地产开发工程的设计施工建造；交通基础设施的投资及城市综合体的开发运营等，业务涵盖范围广泛，业务扩展至全世界 135 个国家和地区，是我国在建筑行业中最具代表性的公司（瞿长福，2008）。

2. 并购过程及效果分析

并购在过去十余年间进行了一系列的并购活动。2010 年，中国 JJ 下属子公司 ZH 重工以 1.25 亿美元全资收购海上钻井平台设计公司 FG

的 100% 股权，对 FG 公司合并后，FG 公司仍有较大的经营自主权，各项业务活动保持了较高的相对独立性，中国 JJ 仅合并了双方的财务报告系统。在完成并购活动后，双方的大部分业务都采取合作的方式，充分发挥双方的优势，实现协同效应，达成双赢目标。例如，JJ 下属子公司 ZH 重工与 FG 签订了一系列升降系统电控和完整升降系统的供货合同；ZH 重工采用了 FG 公司的设计，生产了第一座 91.44 米的海上自升式钻井平台。除此之外，ZH 重工会派遣自己的设计员工到 FG 总部，学习其先进的技术，双方进行交流和沟通，不断提升公司实力。通过有效的资源整合和文化交融，双方成功实现协同效应。2011～2016 年，FG 公司的营业收入、营业净利润、净资产收益率等财务指标均显著增长；而中国 JJ 在 2014 年提前超额收回了投资资金，投资回报率表现良好（刘世钢，2017；肖笛等，2018；蒋晨，2019）。

同年，经报国务院批准，中国房地产开发集团公司的股权无偿转让给中国 JJ，成为其全资子企业。中国 JJ 成功获取了中房集团的三个设计院和全部优质项目资产，通过整合旗下的各类房地产业务，创造属于自己的独特的房地产品牌，实现其特色房地产商战略。

2014 年，中国 JJ 以 10 亿元购买 YLG 发展公司 45% 的股权，同时接受海南三亚 YS 将其持有的 YLG 公司 10% 股权对应的决策权不可撤销地授予行使，这样三亚 YS 和中国 JJ 为一致行动人，共同拥有国际 YLG 发展公司 55% 的股权，该项收购属于非相关多元化收购，中国 JJ 将发展业务领域放在了邮轮产业。依托 YLG 邮轮母港，打造本土邮轮船队，创造本土邮轮品牌，为公司寻找新的利润增长点。

中国 JJ 下属全资子公司 ZJ 国际（香港）向 LHL 支付 9.531 亿澳元（折合人民币 45.25 亿元），收购其持有的 JH 的 100% 股权。中国 JJ 向 LC 中国支付 60.15 亿港元，收购其 24.288% 的股份，成为 LC 中国的第一大股东。首先，中国 JJ 对 JH 采取分权的管理模式，给予其高度自治经营权，建立与澳大利亚市场相匹配的组织管理结构，完善公司内部的控制流程和体系，优化公司员工绩效考核体系；其次，将定州设置为施工项目责任主体，促进房屋建设、基础设施建设、铁路和投资四大业务板块的专业化和技术化；最后，成立投资发展部，发展 PPP 及物业，带动公司从施工到商业的转型，促进一体化项目的成长和发展。中国 JJ 通过并购 JH，能快速打入澳大利亚市场，短期内确立其头部承包商的市场地位，同时中国 JJ 低成本快速地获取了轨道交通运营及水处理项目方面的专业技术，并为公司带来了良好的财务绩效。

2015 年，中国 JJ 旗下全资子公司 ZF 集团以每股 11.46 港元的价格增持 LC 中国 4.627% 的股份。2016 年中国 JJ 南美区域公司向 CC 公司支付 2.8 亿雷亚尔（折合人民币 6.1 亿元），收购其 80% 的股权。这项并购活动实现了中国 JJ 国际化的发展战略和规划，拓展了房地产业务的海外市场，将房地产业务和基建等其他业务进行捆绑销售，有利于企业品牌的打造及国际竞争力的提升。

3. 并购启示

（1）技术并购是企业增强竞争力的方式之一。企业仅依靠自己的技术难以长久激烈地在竞争中立足，此时寻求技术先进的同行业企业就是增强自身实力的一种方式。JJ 下属子公司 ZH 重工采用 FG 较为先进的设计，将组织外部的技术资源转化为组织内部的技术资源，而技术并购作为实现企业发展战略的途径之一，在促进中国 JJ 可持续增长上起到了重要的推动作用。

（2）通过并购实现新的利润增长点。在企业发展到一定规模时，分散风险，进行多元化经营是必要的，JJ 集团通过并购创造本土邮轮品牌，为实现新的利润增长点探索出新的路径，促进企业向发展前景好的新行业转移。但在多元化经营过程中，也要防范可能出现的风险，如果对新进入的领域了解不充分，行业知识储备不足，则可能出现失败的风险。

（3）海外并购需重视文化差异，保持企业整合中的文化一致性。在中国企业跨国并购过程中，企业普遍面临着由于文化差异而产生的不利于并购的问题。欧美地区企业市场价值相对较低，且拥有优质的资源、卓越的管理团队、丰富的管理经验、良好的品牌知名度和精湛的技术，这些都对中国企业有着巨大的吸引力。但在并购过程中，存在着巨大的企业文化和思维习惯的差异，因此，我国企业在进行海外企业的并购活动中，应当充分考虑和重视文化差异，采用包容的态度，加强沟通，营造和谐的氛围。

5.5.3   西班牙 ACS 集团并购史①

1. 公司简介及并购背景

ACS 集团是西班牙建筑行业中最大的公司，也是世界上著名的将建筑和服务业务有机结合的公司之一。在建筑行业领域里，根据美国《工程新闻记录》（ENR）的统计，ACS 公司在 2019 年度"250 家全球承包商"和"250 家国际承包商"中分别排在第 7 位和第 1 位，连续 5 年在国际 ENR 排名第一。ACS 集团采用多元化发展战略，主要业务领域涵盖建筑、能源、物流环保、工业服务和特许经营这五大板块。

截至 2019 年底，公司的总资产价值高达 385.9 亿欧元；2019 年公司的营业收入为 202.3 亿欧元，营业利润为 9.7 亿欧元。公司不仅规模庞大，发展迅速，其盈利能力也保持在较高水平，2019 年企业的净利率为 1.83%，投资回报率高达 5.31%。

---

① 李继周，李福和 . 世界标杆建筑企业巡礼之十二：并购催生行业巨头——西班牙 ACS 公司发展之路［J］. 施工企业管理，2017（232）：124 - 125.

杨永胜 . ACS 崛起：跨过并购式发展的陷阱［J］. 国资报告，2016（22）.

杨林 . 蛇吞象的能力从何而来——西班牙 ACS 集团的并购之道［J］. 施工企业管理，2012（16）.

ACS 集团之所以能在不到 40 年的时间里，从一家小企业发展成为全球建筑行业的巨头，最重要的因素是企业在合适的时机进行了恰当的并购重组。ACS 的发展战略清晰准确，在企业发展初期，ACS 利用企业并购活动，不断扩大企业规模，扩展企业业务，强化市场竞争地位，同时明确企业战略核心业务，同时企业通过一系列海外并购活动来快速推进企业的国际化进程（杨林，2012；李继周和李福和，2007；杨永胜，2016；李福和，2012；卓勇良，2017）。

2. 并购过程及效果分析

1999 年，ACS 公司并购了 DL 汽车公司，并开始进入运输业务领域。同年并购了 OS 公司和 VTS 公司进一步强化了其在环保和物流行业的市场地位，进一步，ACS 公司又并购了 IMS 公司，巩固了其在服务、通信和能源行业的实力和市场地位。2000 年，ACS 集团控股了手机运营商 XF 和 BDM，XF 是西班牙仅有的四家拥有 3G 手机牌照的运营商之一，通过这两项并购活动，ACS 集团进入电信基建领域。

2002 年，ACS 集团与西班牙规模最大的银行 STD 达成合作意向，购买了西班牙建筑行业内知名公司——DOS 公司 23.5% 的股份，随后采取民间购股的手段，ACS 集团持有股份逐步增加至 33.5%。至此，ACS 集团通过资产重组，几乎并购、控股了建筑行业内所有的竞争对手，实现了建筑行业的垄断地位。2005 年，ACS 集团再次与 STD 银行达成合作协议，通过借助银行雄厚的资金实力，购买了西班牙第二大电力公司 FNS 集团 22% 的股份。至此，ACS 集团开始进入能源行业，能源行业成为 ACS 集团发展的另一大主营业务。2006 年，通过购买 IBD 公司 10% 的股份，ACS 集团成为该公司最大的财政股东。2007 年，ACS 集团开始进行海外并购活动，购买了德国著名建筑公司——HOF 公司 25.1% 的股份，成为该公司最大的股东。HOF 公司是全球第四大建筑公司，其业务扩展至美国、澳大利亚、东南亚及中欧，利用该项并购活动，ACS 集团不仅扩展了企业规模，强化了其在建筑业的竞争优势，巩固了其行业内的垄断地位，更为 ACS 集团打开海外市场，拓展国际业务打下了良好的基础。2009 年，ACS 集团收购美国建筑公司 PCN、普利切 PLC，进一步拓展北美市场。

3．ACS 公司的并购启示

ACS 集团的成功并购及合并后的整合管理，对于我国一些试图以并购寻求市场机会、扩大自身实力、实现多元化发展的建筑行业企业而言，有着十分重要的学习意义和借鉴价值。

（1）专注核心业务，专注横向并购。ACS 集团基本都是围绕建筑行业展开并购，甚至为了集中资源，更好地经营主营业务，ACS 公司还会对不相关的业务进行剥离出售。例如，1994 年，OCP 公司（ACS 的前身）决定出售娱乐和保安业务，将目标业务集中于建筑行业和工业服务，将手中不相关的业务剥离。纵观 ACS 集团的整个发展过程，企业始终专注于建筑业的业务，即使在一个时期进行多元化发展，也是选择进入与建筑行业相关的产业，伴随着其资金与资源的投入，建筑、能源、物流环保、工业服务和特许经营这五个业务板块逐渐发展成为公司的支柱性业务和主要收入来源。

（2）保持良好的战略执行力。ACS 集团按照业务范围对其管理层级进行了严格清晰的职能划分，这样 ACS 企业形成了严密的管理组织，各管理层级权限明确；对于子公司的管理和控制，ACS 公司则采取战略管控的模式，给予子公司较大的经营自主权和财务自由权；在公司结构的设置和企业管理制度方面，ACS 公司在集团董事会下设管理委员会，由公司董事长兼 CEO 领导，整个公司的权力重心在管理委员会，这种严格的职能分层，权责分明的管理制度，使得企业拥有了超强的战略执行力（杨永胜，2014）。

5.6 交通运输业

5.6.1 广东 YY 交通集团并购案例[1]

1. 并购背景

广东省 YY 交通集团并购案例是我国交通运输业的知名企业。在 2004～2014 年这十年里，广东省 YY 交通集团股份有限公司进行了多次并购活动，企业收购周边 10 个地区的客运公司，通过这些企业并购，有效改善了投资并购决策和执行水平，实现管理提升、提高企业效益的目的。

通过采用"并购—整合—增长"模式，实现了企业新一轮的快速发展，扩大了企业现有规模，并获取了粤西、粤东及粤北等区域的运输资源。

2. 并购过程

广东 YY 交通集团自成立以来快速发展，其下属子公司省汽运集团先后并购了多家区域性汽运公司并购过程，如表 5－8 所示。

表 5－8 各地方汽运公司并购过程

子公司（收购年份）	并购过程
肇庆 YY（2004）	股权收购，省汽运集团出资受让 51% 股权；肇庆市肇通资产经营有限公司占 34.50%
YY 朗日（2007）	全资收购，省汽运集团通过公开竞标，以 1.02 亿元价格竞得阳江汽车运输集团有限公司 100% 股权，并间接持有下属核心公司—广东 YY 朗日股份有限公司 51% 的股权

---

[1] 吴定义．交通运输企业并购案例分析——以粤运交通并购为例 [J]．价值工程，2017 (36)：26.

续表

子公司（收购年份）	并购过程
佛山公交（2008）	合资成立新公司，省汽运集团出资受让51%的股份；佛山公交以实物及现金出资受让49%的股份
梅州YY（2008）	股权无偿划转，省汽运集团整体接收梅州市汽车运输总公司的国有产权
广州YY（2009）	股权收购，省汽运集团出资持有增运公司51%股权，职工持有49%股权
佛山三水（2011）	合资成立新公司，省汽运集团以对应现金出资占新公司51%的股权，三水公汽公司占新公司49%的股权
河源YY（2012）	合资成立新公司，省汽运集团以现金方式出资持有新公司51%股权；河源汽运、同发公司以其运输资源整体出资，新公司股比32.50%、7.50%；河源YY管理层以现金方式入股持有9%股权
汕尾YY（2014）	股权收购，省汽运集团以现金收购51%的股份，汕尾市汕运汽车运输有限公司领导层收购34%的股份，汕尾市国资委持股15%
韶关YY（2014）	股权收购，省汽运集团与YY交通技术服务公司、韶运集团管理层共同收购韶运集团65.972%股权
清远YY（2014）	股权投资，增资扩股，省汽运集团、粤运交通技术服务公司分别以现金出资取得新公司清远YY51%和10.75%的股权，合计取得61.75%的股权；新公司管理层出资现金取得8.25%的股权；剩余的30%股权由清远市国资委继续持有

3. 并购启示借鉴

（1）专注于行业内资源整合，合理选择并购时机。通过对周边各地区的交通运输资源进行整合，促进各地区运输业务的集约化、规模化发展，进而实现各地区共同发展的目标；一些并购发生在广东省"十三五"发展战略规划期间，充分利用了政府政策，结合政府导向，抓住并购时机，使企业有了进一步的发展。

（2）注重并购后市场资源整合。通过整合收购线路站场资源，实现网络和规模化效应，通过推进车辆线路回收自营，促进了营收水平的提升，加强线路牌和站场资源的收购整合，加快部分站场的建设和农村主要乡镇的站场改造工作及加强相关农村客运线路包括车辆的收购，同时进行了服务水平的提升，提升了各个子公司的业务覆盖范围与规模水平，发挥网络化、规模化效应，也起到净化市场、规范竞争的作用，有效避免了当地市场的恶性价格竞争。

（3）适度的政府主导和参与。交通运输业作为特殊的行业，汽运公司的管理运营不能只考虑经济效益，也着重考虑其社会效益，因此企业的战略制定、运营管理及并购决策，均需要考虑、注重政府宏观面的产业升级整合。

5.6.2 DF 集团收购国际物流巨头 JH 物流

1. 并购背景及过程

2018～2019 年，国际物流界发生了一件大事：DF 集团收购了 CEVA 物流，整个并购过程历时一年半，涉及金额约 16 亿美元。

2018 年 4 月，YY 集团作为 CEVA 的基石投资人，认购 CEVA 发行的可转换债券，认购价格约 3.79 亿瑞士法郎（3.8 亿美元），转股后占 CEVA 股权的 24.99%，YY 集团与 CEVA 成为战略合作伙伴；5 月，EVA 正式在瑞士证券交易所上市，YY 集团与 CEVA 签署了"一年锁定期"协议，同意在上市后 6 个月内不增持 CEVA 的股份，并约定如有第三方公司向 CEVA 提出要约收购，且获得 CEVA 董事会认可，YY 集团有义务按照董事会安排售其股份，或者提交一个更优的要约；8 月，YY 集团将其所持有的 CEVA 可转换债券全部转为普通股；10 月，YY 集团与 CEVA 达成进一步合作协议，YY 集团对 CEVA 剩余股权发出要约收购，愿意以每股 30 瑞士法郎的价格收购其他投资人卖出的 CEVA 股权。同时，双方同意 CEVA 收购 YY 集团旗下货运代理板块 YY 物流。作为以上协议的补充，原 YY 承担的要约义务（在第三方收购情况下，YY

必须跟随或提出更优收购要约）被取消。同年 12 月，CEVA 就收购 YY 物流达成协议，两家公司的综合货运业务形成整合。同时，YY 集团与 CEVA 签订总回报互换和远期股票购买协议。

2019 年 1 月，YY 集团与 CEVA 再次签署了一份额外的远期股票购买协议，CEVA 的股票总经济风险敞口为 50.6%。随后，YY 正式发布非强制的公开市场收购要约，该收购将于 2019 年 2 月正式开始执行。而 CEVA 希望保持在瑞士交易所独立上市的身份，并要求股东不将手中的股票卖出。2019 年 2 月，YY 正式启动要约收购，表示将在 4 月之前将所持 CEVA 股份提升至 97.89%；5 月，CEVA 收购 YY 物流 10 月，CE-VA 从瑞士证券交易所退市，成为 YY 集团 100% 控股子公司。

通过对并购过程的梳理和总结，可以看出在这个并购事项中，一共有三个较为关键的事项：CEVA 上市，CEVA 收购达飞物流，达飞要约收购 CEVA 并致使 CEVA 退市。

从以上并购活动中不难发现，除了直接进行并购，进行具有话语权的战略投资对于企业转型发展也具有重大战略价值，将自有的非核心业务与对方的核心业务合并以获取更大的控制权，也可以作为战略投资及并购策略中的一环。

2. 并购效果与启示

（1）业务协同效应。YY 作为世界第四大集装箱运输公司，将转型重点放在了内陆运输和货运管理，而不是传统的港口到港口的运输。通过与 CEVA 公司达成合作协议，能够最大限度地利用 CEVA 的服务能力和网络，扩大服务业务的范围，强化企业的综合物流服务能力。

在业务协同方面，YY 集团将货运代理业务分拨给 CEVA，进一步加强了 CEVA 的综合货运业务，尤其是海运业务。CEVA 能够充分利用 YY 集团的全球服务网点，扩展客户范围和开拓企业市场，强化自身服务实力，为 YY 集团的原有客户提供多种物流服务，增加服务的深度。从业务协同的角度而言，YY 集团和 CEVA 是可以共享和互补的。

（2）在管理协同方面，数字化一直是国际物流业务的重点。对于 CEVA 而言，原本后续有较大的数字化支出，而 YY 在业务数字化方面已形成一定能力。CEVA 利用 YY 集团在全球的 7 大共享服务中心可以省去大量的 IT 开发成本，将资源集中到核心数字业务系统开发上去。YY 集团的服务中心网络雇佣了 6000 多名员工，完全可以支持对 CEVA 的服务。同时 CEVA 也可以共享 YY 在人事、财务、采购和行政等后台管理职能，降低管理成本。

第 **6** 章

政策建议

结合我国当前经济发展状况与各传统行业的企业现状，为了筑牢实体经济根基，推动高质量发展，加强传统产业集中度，并根据世界发达经济体的传统行业兼并重组历程。本章将从以下方面对我国传统行业的并购重组转型升级提出相关政策建议的研究。

6.1 兼并重组模式层面

6.1.1 鼓励汽车行业企业进行互补导向和技术导向的多元化兼并重组

长期以来，我国汽车行业具有中低端品牌多、产量大，高端品牌和豪华车型少的产品结构特征。奔驰、宝马、奥迪和保时捷等国外汽车品牌基本垄断了我国高端汽车消费市场，这样的产品结构挤压了我国国产品牌汽车企业的持续发展前景，造成国产品牌企业长期面临产销量多但是利润率低下、竞争压力大、市场份额不稳定等发展困境。国内企业亟须通过并购重组的方式快速提升研发和技术创新能力，同时借助优质的高端汽车品牌打开高端汽车消费市场。如 SQ 集团并购韩国 SL、JL 集团并购 WOW 汽车，以及 NJ 集团并购 LF 公司，其共同特征都是我国本土汽车企业试图通过对海外企业进行收购的方式提升品牌价值和生产研发能力。值得欣喜的是，我国车企在新能源车方面的技术研发已经走在了世界的前列，因此，可以借鉴国外车企并购经验，政府应在制定产业发展政策时对我国汽车行业企业进行互补导向和技术导向的并购交易给予充分重视，政策重点应以为企业收购减少困难、提升交易落地速度和提升并购成功率为重点。

具体地，可从以下几个角度制定详细政策：

（1）制定有前瞻性的交叉产业发展政策，结合地区上下游产业特征，对于汽车行业制定针对性强、方向性强的发展规划指导政策，如地区是否在无人驾驶、新能源等领域具有先发优势，是否可以通过纵向并购快速提升企业竞争能力和发展潜力。

（2）筛选各地区汽车行业的目标企业，目标企业应为在同类型企业中处于领先地位，拥有较充足的现金流和稳定的市场份额，企业业务增长速度趋缓，亟待转型和改革来发掘企业增长新动能的企业。结合目标企业自身发展规划提供并购方向建议，鼓励其对海外优质企业进行横向收购以扩大销售市场，鼓励对如新能源电池、物联网等高科技企业进行多元化并购以拓宽业务范围，鼓励措施可以包括税费减免和收购资金支持等。

（3）通过引导并购活动强化产业链龙头企业引领作用，发挥行业骨干企业示范效应。立足于进一步优化汽车行业产业布局，推动产业结构转型升级的基础上，通过引导汽车行业深化开展"强弱联合"的重组模式，加快淘汰市场上的落后产能，从而提升产品的集中程度，促进各个环节间的生产合作与协同效应提升至新的水平，着力培育具有标杆示范作用、具有辐射和带动效应的行业内龙头企业，提升全球范围内的企业竞争力，促进不同产业的融合和多元发展。

（4）对并购完成后企业后续发展制定持续的辅导和帮助政策。收购只是企业发展和升级的第一步，后续的资源整合及发展策略执行才是企业成功发挥协同效应、实现"1+1＞2"并购效果的关键。应对地方企业在收购后的资源整合运作进行持续关注，如制定政策对整合成本较大的内迁式并购企业在未来几年内给予持续的税收优惠政策，对于并购后海外品牌汽车在内地销售实行减税降费等政策。

6.1.2 鼓励和引导钢铁行业企业进行以提升市场集中度为目标的横向并购和跨国并购

我国钢铁行业的主要特征为企业规模大、行业集中度偏低、产能过剩明显、企业利润率低和经营效率偏低。因此，行业内企业亟须通过横向并购方式提升经营效率和盈利能力、实现规模效应，进而增强中国钢铁企业在世界范围内的议价能力和竞争能力。政府在制定针对性政策时应当着重关注打破地方保护、鼓励有条件的交叉持股、简化审核程序和提供财务支持等方面。

（1）应从我国钢铁行业全局角度出发，制定统一且有持续性的产业重组发展政策，在行业培育一批具有较强国际竞争力的大型企业集团。政策的核心应围绕提升全行业集中程度、降低行业平均成本，提升我国钢铁企业的国际竞争能力为核心展开。具体内容应包括我国地区性大型钢铁企业的重组发展规划指导，还应包括产量较低、竞争能力较差的小型钢铁企业重组路径规划，如可以在被收购交易中为其提供的优惠政策等。

（2）推动兼并重组，优化钢铁行业布局，引导企业转型升级。充分利用产能置换指标交易等市场化手段，优化生产要素配置，引导先进产能向优势企业集中。着力解决重点区域钢铁产能布局不合理问题，深入推进煤炭清洁开发、清洁生产、清洁运输、清洁利用，统筹做好燃煤电厂超低排放和节能改造，促进钢铁行业高质量发展。

（3）制定政策引导和鼓励钢铁企业进行互补性强的并购重组。互补性强是指并购双方在产品结构、市场范围和销售渠道等方面存在明显差异，只有进行互补性强的并购才能最大限度地发挥重组带来的协同效应，通过共享生产技术和销售渠道，可以极大地降低产品边际成本，更加合理的资源调配和运输筹划也可以大幅度降低企业营运成本，进而提升企业盈利能力。

（4）打造重组成功模范案例，发挥行业骨干企业示范效应。加大对通过并购重组活动成功优化产业结构、发挥规模效应、实现转型升级的案例的宣传力度，引导业内企业积极借鉴、学习和归纳其成功经验，结合自身企业特点优化创新。

（5）制定政策鼓励多种形式的横向合作，如结成战略软同盟等形式。弱化地方政府在交易中可能存在的地方保护主义政策，简化政府的审批程序，缩短审批时间，尽可能地提升企业运营效率。

（6）必要时提供相应的财务支持政策。我国钢铁企业普遍存在体量大、资产规模大的特征，因此并购所需支付的对价也是巨大的，政府首先要借助其第三方的平台协助交易双方进行有效沟通，尽快达成收购对价的共识。其次鼓励企业使用杠杆、换股等多种对价支付方式完成收购，并在有效控制风险的基础上为收购方提供购买资金的支持。

6.1.3 交通运输和建筑行业多元化兼并重组模式及推进路径的分类发展政策建议

高铁、轨道交通、城际轨道等交通运输方式的普及与发展，以及汽车运输和现代物流等业务活动的激励竞争，使我国交通运输业面临着新技术的冲击和影响。因此，为了能够增强企业的市场竞争力和国际竞争地位，强化企业在全世界范围内的议价能力，政府在政策制定方面需要考虑适当减免缴纳税款、提供资金支持、打破地方保护主义、发展中介机构等方面。

（1）对并购方企业资信情况调查，并以此为依据提供资金支持。支持建筑行业企业的合理资金需求，要求银行业金融机构采用"区别对待、有扶有控"的原则，对不触及"三条红线"，稳健经营的企业，银行业金融机构应当按照风险可控和商业可持续原则，给予足够的资金支持；对于一些规模较小，但是有发展潜力、技术先进和产品有竞争力的企业，也可以给予适当的资金支持，助力企业健康发展。

（2）打破地方保护主义，鼓励全国范围内的企业进行并购重组，借鉴美国等国家的立法，为企业创造公平竞争环境。企业兼并涉及多方利益，国家、地方、兼并双方及职工之间会出现一些矛盾，要打破体制和行政区划的影响，清除企业并购障碍，为企业优胜劣汰，高效运作创造条件。

（3）加大金融扶持。政府应该加强对企业间并购的资金支持。我国交通运输行业的民营企业有着体量小、资产少、资金周转困难等特征，因此，对于这些企业进行并购活动最大的阻力就是资金不足。要在"用好增量，盘活存量"的同时开展重组企业的并购贷款，并且适当延长并购贷款期限和探索发展并购投资基金；同时改革完善金融体制，为企业提供更多元化的融资方式和更广阔的融资平台；完善资本市场，鼓励企业降低现金支付比例，采用杠杆、换股等多种支付方式完成并购。

6.1.4　煤炭和化工行业多元化兼并重组模式及推进路径的发展政策建议

规模与矿源对煤炭行业的重要性高，对跨国、债务性、降低竞争为目的的兼并重组需求更大，而行业的布局分散、企业生产力落后带来的兼并重组后企业仍面临难变现资产的处置问题与其带来的负债问题应得到重视，可在资金、资产置换、债务处置等方面提供支持。化工行业周期性、规模化强、原材料多元、上下游联系紧密、有产业集群趋势且行业正加快升级转移发展，各特征使得化工行业多技术、规模型兼并重组。

（1）鼓励大型企业强强联合的横向、纵向并购，争取做强主业、打通产业链。当前煤炭产能的总量虽然过剩，但煤炭在我国中长期的主体能源地位是难以改变的。煤炭企业作为煤炭能源的生产主体，部门应重视其煤炭供给质量的提升，保障能源供给安全，此外更有煤电、煤运、煤化、煤炭科工等上下游的结合的煤电联营需求。对于化工行业而言，行业技术的快速更迭与产业链上下游的紧密联合使得技术型横向兼并与交易成本内部化的纵向兼并十分重要。在内生增长空间不大的情况下，应通过适当简化并购流程、税收优惠与补贴与鼓励企业的强强联合、技术获取与协同效应，通过煤炭先进产能引入提高煤炭供给的清洁化、高效化水平，煤电联营解决矛盾，创造更高效益，矫正煤炭、发电两大产业的过细划分。通过化工先进技术与原材料等上下游企业的成本内部化实现规模效应，帮助企业做大做强。

（2）推进行业企业的绿色创新驱动与数字革命。未来行业的智能化、信息化、清洁化是发展的必然趋势。5G 通信、传感器技术、新型能源加工技术等是煤炭化工行业、尤其是煤炭行业高效、清洁发展的重要助力。从国内外能源领域发展趋势来看，能源产品之间的边界越来越模糊，能源加工、利用技术的进步将更进一步打破这种边界。随着中国能源革命的提出，我国能源结构向清洁化、低碳化转变将是不可逆转的趋势。智能化方面，应积极推进采矿井下通信、自动化与机器人的无人作业技术产品运用面；绿色创新方面应鼓励相关符合条件的企业根据自身发展的需要，通过引进团队、购买技术的方式布局新能源产业。应加大相关产品补贴与技术研发的资金支持，鼓励相关技术企业与传统煤炭企业的战略合作与兼并重组的资金、税收优惠，并逐步加大对低效高耗能行业企业的资金需求与排污权管制，加强产业链整合，发挥协同效应，更快更稳妥地实现煤炭、化工企业的转型升级。

（3）积极推动跨境并购，实现区域协同发展。"一带一路"沿线及相关国家多为新兴经济体和发展中国家普遍处于经济上升期，基础建设、电力缺口巨大及煤炭等能源需求旺盛。可适度对与此类国家能源企业或上下游产业链企业跨境的并购进行支持，获取优质资源，建设一批具有较强辐射带动作用的重大合作项目，带动装备、技术和服务出口，实现产品输出向产业输出转型，可以通过股权分配实现与当地企业的"利益共享，风险共担"机制，实现共同发展。

（4）建立健全国企兼并重组的评估跟踪机制，"因材施教"。由于为救活企业而实行的兼并重组在政府多为信用担保人的情况下可能会使企业缺乏自主发展能力，甚至导致好企业被拖垮的感染效应。对目前经营困难但资产质量或市场前景较好的国有企业，以促改革为主，支持企业解决历史遗留问题，对兼并重组后企业仍面临难变现资产的处置问题与带来的负债问题提供一定支持与定向引导；对现有资产仍有一定价值的国有企业，可以在尊重双方意愿前提下兼并重组或转交不良资产管理公司，引导优势企业整合、盘活困难企业资产资源；对严重资不抵债、扭亏无望的企业采取破产退出方式，引导企业依法退出市场；要利用引进国际上富有经验的战略投资者、国内富有创新精神的民营企业及有互补效应的地方国有企业等多元化投资者，引导进行开放式重组并监督实施公司治理架构的实质性改革。除此之外，建立健全兼并重组的政策评估机制十分重要，尤其是国企间的并购。应建立囊括企业评估、兼并后的持续跟踪评价与激励、警戒机制，对重组企业进行长期动态跟踪，完善企业价值评估机制，并定期评估涵盖对经济发展、产业结构和公共利益等方面的影响成效，将评估结果与绩效考核挂钩，促进整合后的企业协同。

6.2 兼并重组推进路径层面

6.2.1 推进实现资源整合的协同效应

兼并重组不仅是业务链条的整合，更是文化理念的融合。如何通过兼并重组实现产业链融合与企业的规模化升级、真正实现企业间的企业文化融合都是企业间兼并重组的重难点。因此，只有引导企业充分结合自身的具体情况，选择有利于自身发展战略的并购目标，充分发挥地域、专业、人力资源等互补性优势，提高资产组合和市场配置资源的效率，才能达到更好的效果。具体的协同效应包括：管理和社会资源的共享、采购，营销，研发，人力资源和其他层次的协同作用、公司间内部交易的战略设计、模型、经验和知识共享等。

6.2.2 针对具体交易制定完善的扶持计划，降低企业内迁式并购成本

内迁式并购是企业通过对海外公司的并购重组提升自己产量规模和生产技术的重要方式。内迁式并购在资产运输和整合过程中耗费巨大，各地区政府可以出台相应政策和措施，帮助企业快速、低成本地完成内迁整合，具体如下。

（1）出台政策积极鼓励地方有需求的企业通过内迁式并购提升企业生产能力和竞争能力，利用政府的资源和平台为企业寻求海外潜在交易对象提供便利，积极参与企业间的沟通交流。

对实行内迁式并购的企业在收购资产内迁和整合过程中提供一定的财务补贴政策，具体内容可包括对重型资产运输过程中的海关税费等给予减免，协助企业分担部分大额运输和整合费用等。

（2）利用政府的平台，积极为企业技术资源整合提供支持，如聘请专家学者和专业技术人员对购买的专利技术、先进设备等进行培训，同时组织行业内其他企业管理与技术人员进行统一的交流学习，提升全行业的资本利用效率。

（3）鼓励企业间达成长期战略同盟。日本钢铁行业企业的发展经验表明，在正式完成企业并购前以结成战略软同盟形式进行资源初步整合是行之有效的发展模式。同行业间的企业通过小份额的交叉持股结成战略同盟，不仅可以加强双方的技术交流和销售渠道共享，在提升企业经营效率的同时初步实现并购前的协同效应，还可以有效防止企业被其他公司恶意并购的风险，是大型企业间维持稳定发展，提升竞争能力的重要手段。因此，政府应当深入细化对于交叉持股交易的审查程序，甄别和研究交易目的及未来发展预期，对于尝试通过交叉持股达成战略软联盟，增强公司经营效率和竞争能力的交易应当给予支持态度。各地区政府可以针对本地区产业结构特征，对于传统行业中行业集中度低、利润率低的行业出台鼓励结成战略同盟的引导性政策，如发挥政府平台的优势，主动与双方甚至多方企业进行沟通，推动行业内企业间的交流协商，对于有发展前景、有利于国家利益的产业进行结盟的企业给予一定的税费减免等。

（4）对于已经达成战略同盟协议的企业，在未来正式完成并购重组时的简化审批程序。战略同盟期间交易双方的资源共享过程已经为重组后高效发挥协同效应奠定了良好基础，因此政府相关部门和金融机构在审批流程及风险控制等方面可以进行适当简化，以进一步提高经营效率。

6.2.3 跨国并购活动的监管

纵观国外企业兼并所走过的路，尤其是第四、第五次兼并浪潮，可以看出"强强联合"是并购发展趋势。企业的生存发展不仅取决于国内市场占有率，而是在更大程度上取决于其国际竞争能力。而进行国际性的兼并、重组是企业开拓国际市场、获取先进经验技术的最便捷的方式和手段。政府在政策制定方面应重点关注提高企业监管能力、提供信息服务支持、减少审核时间、鼓励强强并购等方面。

（1）强化对于境外并购活动全过程的监控能力，建立完善跨国并购过程监督管理机制。在整个跨国并购过程中，政府对于其监督管理较弱，更多的是中国企业自行管控，政府对其干预关涉较弱，企业难以规避政治风险。因此，政府应当强化对于境外并购活动全过程的监控能力，建立完善的跨国并购过程监督管理机制，最大限度地降低中国企业进行跨国并购中面临的政治风险，最大可能地实现并购的协同效应。

（2）提供信息服务支持，建立信息服务共享平台，定期在平台上更新与跨国并购相关的信息。在国际性并购活动中，中小企业占据着重要的战略地位，这些企业在投资方面有着大型企业难以比拟的灵活性，很容易满足东道国的跨国投资条件，匹配到合适的跨国并购活动，但是中小企业在企业规模、信息技术等方面的劣势，使得缺乏信息收集的能力。因此在进行境外并购活动时，政府应对这些企业提供信息服务支持，同时提供技术指导。

（3）简化跨国并购的审批流程，减少审批时间。由于并购重组活动大部分属于市场化交易活动，因此对交易完成时间有着较高的要求，特别是签订了含竞争性要约的条约时，往往会对履行协议的时间有更紧迫的要求，如果不能如期履约可能会影响收购活动的完成，如部分资产出售方要求先支付订金及详细规定的付款期限。而我国政府对于跨国并购活动，一般要求进行备案审批，而在实际情况中，审核批准的时间有着很强的不确定性，且极容易受到流程不当、资料不全等问题的干扰，延迟审批时间。在满足跨国交易收购方要求上存在着一定的困难。简化跨国并购的审批流程，减少审批时间，能够使得企业抓住发展机遇，在最合适的时间进行并购活动，有利于企业获得竞争优势，吸收国际性企业的经验和资源，同时扩大市场范围，也为自己的国际化竞争增添筹码。

（4）出台相关保护政策，降低跨国并购活动中的风险。针对汇率波动，政府可以出台相关措施，增加企业对汇率波动的风险的应对能力。其次，针对目标企业国家的政策风险和政治风险，政府可以推行对外投资保险制度。通过政策性保险制度的手段，抵御来自东道国的政治风险，例如，外汇风险、征用风险等。当企业面临上述风险时，保障企业能够维持正常的生产经营，鼓励商业银行对境外并购活动予以资金支持，政府除了需要强化出口信用保险公司、政策性银行等对跨国并购活动的支持外，还需要制定政策引导、鼓励商业银行为这些企业提供帮助，从金融层面营造出鼓励投资的良好氛围。

（5）鼓励企业间强强合并，增强市场竞争力，强化国际竞争地位。我国企业要吸取国外兼并重组中的先进经验，走"强强联合"之路，增强企业的国际竞争能力。例如，建筑行业的企业合并大多都是强强联合的形式，通过合并，企业能极大的提高行业竞争地位，形成垄断竞争优势。

6.2.4　财税、金融政策扶持层面

加强财政金融政策扶持。政府应当给予传统行业企业并购适当的财政及金融政策支持，拓宽并购融资渠道和工具，并购贷款限制适当对传统行业企业减少，放宽并购债务资金筹措来源，提高证券市场的有效性，同时丰富风险监管机制措施。对于特殊行业或者特定领域，设立专

项财政基金，对企业的并购重组行为给予直接扶持，真正为企业创造一个畅通、效率、盈利的市场环境，服务于经济结构调整大战略。

（1）加强资本市场建设。要进一步推进资本市场的建设，提高并购交易的支付能力，鼓励企业运用多种金融工具进行并购交易，并为其提供有效的支付保障，运用全国统一的并购交易市场，更好为传统行业并购服务。政府充分发挥好监督职能，既要在涉及股权的并购模式中保证国有股权的控股地位，也要控制金融推动的并购不能过度发展，避免金融资本超越产业资本的现象，让金融为并购服务，而不是过度金融化，因此建立有效的预防监督措施也是必要的。

（2）拓宽融资渠道。鉴于传统行业兼并重组对资金的需求数额相较更为庞大，短期巨额资金不足是制约企业并购重组的重要因素，企业多无法一次性以现金形式负担并购成本，多渠道融资的重要性不言而喻。

在债券融资方面，借鉴国际经验，应适当加大债券融资的比例。要提高对债券市场的关注度，构建起股票市场和债券市场"两条腿"走路的模式，同时加强企业融资计划与实际情况、所存风险的匹配度审核，使企业合理选择融资渠道与融资计划，降低企业融资成本、提升融资效率并降低所存的财务风险，以便为企业并购重组创造良好的条件。企业债券年度发行计划的制定还需要与国家产业政策需求和企业本身市场形势相吻合、发行企业要积极参与债券交易市场。

在股权融资方面，除了最基本的股权出让、增资扩股，可鼓励企业加强各类股权融资渠道利用，并出台相关专门政策体系对各渠道风险进行约束，包括：出质人用自己股权作质押标的物而设立的质押向特定投资者发售进行融资的股权质押；以简化并购手续、提升并购速度的定向配售；增加定向可转债品种，明确将可转债纳入并购交易融资体系，丰富并购融资工具。并购基金风险较为分散，可增加企业参与并购活动的资金来源，能妥善解决企业负债率高企等问题，对于促使我国资本市场的进一步成熟具有重要意义。

6.2.5　在政策和财务层面鼓励传统行业企业通过杠杆方式完成并购重组

在我国传统工业行业中，企业往往具有固定资产多、营运资本大、现金流较低的资产特征。同时，传统工业行业企业间的横向并购往往需要总价值较大的对价才能完成并购，这就对购买方的财务能力提出了巨大挑战。通过适度的财务杠杆，可以帮助企业在保持其现金流和短期营运能力不受较大影响的情况下完成并购活动，从而降低其经营风险。

各地区政府可以根据本地区产业特征，对于传统行业中的重点企业和处于发展瓶颈期、需要通过横向或纵向并购扩大产能、提升业务范围的企业制定专门的帮扶政策。帮扶政策中应当包括具体的并购财务支持范围，如政府可以在有效控制风险的基础上提供多大比例的贷款支持，以及并购完成后为了帮助企业度过现金流紧张的难关，可以为企业提供多大额度的税收减免等内容。在现有的地方政策中，一些发达地区会定期对地方重点企业进行发展评估，并列出政府重点帮扶对象清单。但是，这些企业多集中于国有企业，而对于获取资本实际成本更高、渠道更少的民营企业的关注不足，同时帮扶政策广泛存在不具体、不全面、持续性差和针对性差的弊端，对于如钢铁行业这类往往需要通过连续地横向并购来实现企业价值跃升的行业中，短期和浮于表面的帮扶计划难以切实有效的帮助企业渡过难关。

必要时以政府信用为担保和背书，帮助企业从金融机构获取更多并购资金来源。以政府信用作为背书的前提和基础是政府对于企业的财务情况、并购对手经营情况及未来发展前景具有充分的研究。在对并购交易完成后企业未来发展态势具有较强把握时，政府可以主动协助企业与银行、信托等金融机构进行沟通，帮助企业尽可能地获得更多的低成本债务资金。

6.2.6　法律和制度层面

从竞争法角度来说，需对传统行业企业并购重组的监管法律法规进行完善。参照美国的经验，尤其是在反垄断方面的法律进行修订和执行时，要把有利发展国民经济作为立法执法的出发点，以对经济发展有利为原则。

进一步健全企业并购的法律法规体系，为企业并购活动提供良好的市场环境，减少我国并购法与其他法律的冲突，尽量向国际通行规则靠拢。在制定或完善产权交易法、资产评估法、劳动法、社会保障法、金融法、税法等方面的法规时，也应考虑并购因素。

相关法律与实施细则要配套，及时修改完善相关法律，形成并购审查程序完善的监管体系。在并购中反竞争实体的标准要清晰明确到细则，即并购法的实施要与审查程序和评估准则制定配套出现，确保有效落实法律。同时，要注重发挥法律体系化的特点，利用多种法律监管政策配合使用达到监管最佳效果。

协调好竞争政策与产业政策之间的关系，我国传统行业企业并购重组的过程同样也是产业结构经历重大调整的过程，培育一个充满竞争活力的市场结构，协调好社会资源的优化配置和产业政策关系，对关乎国家安全、国计民生、国家支柱型的产业，竞争法和产业政策配合配套使用，以使这些产业在不妨碍市场有效竞争前提下进行并购，维持竞争政策的优先地位，并让并购法为产业政策服务，提升传统行业企业的国际竞争力。

对已有的兼并重组法律监管政策的落实与灵活贯彻。已有的兼并重组意见与法律在如今传统行业的兼并重组中进行实践，可能出现限制并购交易的情况。因此，对于此次并购重组是否能够顺利进行，其中关键一点是将已有法律的内容与目标与新的并购监管规制工作灵活结合，即根据现今行业发展变化进行改进、调整、优化，可以成立并购小组或委员会，让专家进行监督和建议，并根据不同行业特点进行立法与审查，做到不同传统行业存在不同需求的情况下，有区别于专业并购辅助工作，塑造国有企业、外资企业等有序的竞争环境，促进并购健康发展。尽快提升并购审查程序和标准的透明度，加大公开信息披露制度，让传统行业企业能够及时了解相关信息政策，调整其并购发展策略。最后，应对以前限制开放或审批严格的部门行业进行适当开放调整，促进多边及双边合作。

运用法律监管保护并购中的弱势群体。在传统行业企业的并购中，存在大股东在股权交易中处于资本、信息等方面的优势地位，而中小股东和债权人由于信息有限，缺乏专业经验知识而处于劣势，监管政策应当注意这个问题，通过加大信息披露或并购协定等方式对中小股东等实行特殊保护。减少并购过程中的风险与不确定性，促进并购有序、平稳地进展。

完善并购中重大问题沟通协调机制。进一步完善各行业内协会联席会议工作机制，及时协调解决在并购重组活动中出现的重大问题。加快推进各个行业的行业信用体系建设工作，对失信企业和相关责任人实施联合惩戒，营造公平竞争的市场秩序和发展环境。

6.2.7　政府在不同阶段对并购进行指导

历史上许多世界发达经济体的并购历程都呈现出顺应国民经济及世界经济发展态势的特点，以及从国内走向国际的跨区域过程。因此，政府在传统行业并购发展的不同阶段，可以对在并购中有需要的企业进行支持和引导。首先，在区域内中小企业并购时，可能存在企业单纯为了扩大生产盲目重组的情况，可能会使得并购与产业长期发展目标偏离，就需要政府从规模经济角度出发，在产业政策允许范围内进行对重组进行引导，在并购前期促使符合并购条件的双方进行沟通组织，并在并购重组后避免新的过剩产能问题，建立有效的供求调节机制，其次，在并购发展到一定阶段鼓励企业跨区域重组，开展强强联合，强弱联合并购模式，给予不同传统行业适当的技术与发展计划支持。最后，科学制定工作计划与产业发展方案，选择适当的兼并重组时机，根据现实情况在不同行业灵活采用兼并模式和推进路径，有时可以采用先租赁后收购，或者逐步控股，或者两企业交叉持股，形成共同联盟的合并方式，根据不同行业的企业发展状况以及经济发展环境，进行多元模式选择。

6.2.8　跨国并购与外资并购的调整改革与监管

跨国并购是当今世界经济全球化发展背景下，传统行业并购重组必须经历的模式，这种方式可以有效调整并优化企业结构，吸引外资，从而更好地应对日益激烈的全球化市场竞争。

完善并制定促进跨国并购投资保护的制度，制度需要细化明确，不同行业中行业组织的作用，责任部门的职责，从而为企业尽快参与跨国并购投资创造安全的环境，鼓励企业进行跨国并购并增强其信心。

跨国并购要注意不同国家企业的技术、文化、品牌的融合和协同性。纵观各国传统行业的企业兼并管理历史，重组企业管理层需要创造新的企业文化来凝聚企业理念，但更要吸收共享不同企业的生产技术、知识、管理经验、销售网络等，以期发挥更大的协同效应。

运用第三方力量对外资并购进行监督，政府可以运用新闻媒体，搭建公众信息分享平台进行如国有资产并购项目的公众监督。行业协会由于代表企业利益能够清楚知悉本行业竞争状态，能够为并购双方协调，也能够权威地评价监督本行业并购活动，因此也可以成为政府之外的监督者。

6.2.9　文化层面

我国传统工业行业企业以国有企业为主，在当下跨国企业间交流合作愈发频繁，国有企业往往由于核心业务稳定，而导致管理层结构固化、企业发展理念迭代缓慢，进而使得国有企业与新兴科技行业企业及国外企业间在沟通交流时存在文化及价值观念上的较大差异，这些差异可能成为未来双方在后续合作中的重要障碍。因此，应当从政府及政策制定层面上对国有企业的文化理念更新迭代速度与视野开阔程度给予充分重视。具体来说，可以从以下几个方面对传统行业企业进行政策性调整：

（1）可以督促各个细分行业的国有企业建立固定的海外学习交流制度，企业领导层及中层干部分批次、分层次地到国外行业领先企业进行交流学习，并在公司范围内进行总结汇报，以提升全公司的海外视野。

（2）督促传统行业国有企业与相关的互联网、新能源等新兴行业企业之间的交流频率，双方组成专家小组共同研究探讨未来行业交叉、协同发展的可能性，保持企业发展观念的迭代速度。

（3）更多地举办如经济论坛等国际性企业交流会议，将不同国家、不同行业间的企业多元交流常态化，增强彼此的文化认同感，激发和促进各行业企业发展的合作潜力。

（4）各级政府在并购重组中积极发挥第三方的桥梁作用，促进双方有效沟通。

（5）我国传统行业企业往往具有体量大、员工多的特点，与地方政府之间沟通紧密。因此，在涉及跨国并购重组交易或者跨行业的多元并购重组交易时，地方政府应当发挥其积极作用，为双方更加顺利、融洽的交流尽可能地提供支持和帮助，必要时可以主动与双方管理层和谈判代表进行沟通，为交易双方提供一个深入交流的第三方平台。具体来说，中央和各级地方政府可以从以下两个方面进行改革和调整：增强政府和地方企业之间的沟通交流。政府中可以设立专职机构或者业务专员，对于各细分行业的发展趋势、行业集中度及企业前景进行详细把握；建立常态化企业交流平台，搭建促进企业之间交流沟通的无障碍桥梁。利用政府专职机构和业务专员对于各行业的专业知识和详尽了解，在政府的第三方角度为交易双方进行调节和帮助，起到促成交易顺利进行的催化剂作用。

6.3
数字经济时代的传统行业并购政策改革

6.3.1 数字经济时代的传统行业企业兼并重组的机遇

党的十三届全国人民代表大会《中华人民共和国国民经济和社会发展第十四个五年规划和 2035 年远景目标纲要》中提出，为迎接数字经济时代，要充分调动大数据高效率和应用场景丰富性的优势，实现数字经济与实体经济的有机结合，加快传统行业数字化转型升级的步伐。因此数字经济目前是各行业寻找新机遇、塑造核心竞争力的方向。

传统行业的高质量持续稳定的发展离不开兼并重组的道路，在贸易保护主义抬头、新冠疫情的持续冲击之下，产业集中度低的传统行业在科技创新、原材料安全、行业标准规范等问题上无法突破瓶颈导致经营收益也大幅度下降。因此充分发挥传统行业兼并重组环节中数字化技术的不可替代的作用，助力传统行业走上崛起之路。传统行业需结合企业自身转型的条件及能力，制定符合自身特点的兼并重组计划，实现数字化转型升级。目前，我国传统行业兼并重组的原因有以下五点：一是以钢铁、化工、建材、煤炭及医药等多数行业中均不同程度存在产能过剩问题；二是汽车零部件、建材等行业的单位利润下滑严重；三是钢铁、煤炭等行业环保压力过大；四是汽车零部件、家禽、医药流通及建材等行业产业集中度较低，规模较小；五是钢铁、信息化、自动化行业为了寻求技术水平的提升，减少市场推广难度。基于对数字经济发展现状和传统行业并购原因的总结分析，笔者认为数字经济时代的传统行业企业兼并重组的机遇可有以下四点：

（1）通过规模效应和协同效应来获得溢出效应是我国传统行业兼并重组的内在动力。在数据和信息作为生产要素的新时代，信息和知识遵循规模报酬递增的规律，数字技术颠覆性地改变了获取信息的方式，大幅度降低了获取信息的成本。并购后的企业本身具有强大的资金优势和数据对提高生产效率的乘数作用不断凸显，扩大了企业的利润空间。

（2）传统行业在数字化转型的过程中可以规避企业兼并重组的风险并增加企业战略决策实施的有效性。企业数字化转型是将新的数字技术与传统的业务模式深度融合以提升盈利能力的过程。因此，收购方在并购后采取相应的措施对被收购企业进行数字化改进，在市场信息、公司治理及财务管理等方面进行数字化赋能以提高并购后企业的管理能力、敏捷应对市场变化的能力及创造实际价值的能力，有助于减少战略决策的失误。

（3）传统行业在数字化时代兼并重组后能够在创新网络中充当引领者与协调者，带动其他行业在生产模式、营销模式、研发模式上进行数字化转型。保障创新要素的自由流通是实现创新资源配置的帕累托最优状态的关键，将会进一步促进新技术在创新生态中的引进、扩散与应用，达到保持传统行业在我国经济发展中重要地位的目的。

（4）推动数字经济与绿色经济的协同发展，最小化传统行业对生态环境的污染程度。传统行业的一大弊端是以牺牲生态环境的代价获取经济收益，培养生态环境管理能力是时代对传统行业提出的要求，数字经济能够为生态环境保护的契合点和着力点赋能，兼并重组后的企业需要在实践中不断拓宽应用场景，发挥数字经济在绿色发展的作用，缓解环境治理的压力，在企业做大、做优、做强与绿色低碳健康发展之间寻找最佳平衡点。

6.3.2　数字经济时代的传统行业企业兼并重组的政策建议

在全球化趋势下，数字经济、人工智能促进了技术和商业模式的创新，打破了传统行业市场的静态均衡稳定。新的商业模式、新的技术创新，也促进了许多新产业的诞生，自然传统行业也逐渐受到数字经济的渗透，随着创新的发展与不断持续，传统行业在长期内将产生巨大的变化，如产品、服务迭代加快；消费者需求发生变化，消费群体进一步扩大；产业壁垒被打破，使得跨界竞争成为可能；生产效率大幅提升，改变市场格局。在新的经济环境条件下，传统行业要实现新的发展，政府制定并购政策应注意以下几点：

（1）并购审查程序中关于是否具有市场支配地位，以及使用是否合理控制时，要注意是否有利于创新，坚持提高创新标准，从而让并购促进创新。并购立法和执法是应当根据社会发展和实际需求灵活处理，关键是要以促进创新为目标，推动与数字经济相关的并购活动。

（2）反垄断政策也要从注重静态效率向注重动态效率发展，侧重数字经济的动态效率，鼓励创新的发展。鼓励企业在并购获取学习先进技术，可以雇佣专业研发的技术团队进行学习，而不是在并购中进行简单的知识产权占有。

（3）促进传统行业与高科技技术的结合发展，鼓励创新产生的超额利润，要注意创新所带来的暂时性垄断可能会给社会带来更高的收益。

（4）对外资实行有效的监管，并在适当的时机与环境下进行支持跨境并购。

6.4
"双循环"发展格局下传统行业并购面临的机遇

受新冠疫情影响，第四次全球产业链重构正在加速演进。疫情期间频频出现的产业链中断也给我们敲响了警钟。中国迫切需要加快产业链升级的步伐，迫切需要在第四次全球产业链重构过程中掌握主动权，实现换道超车，提升自己的产业链供应链自主化水平。此外，近几年来外围局势的快速变化，从"断供中兴"到"封锁华为"，一些西方国家的单边主义、贸易保护主义、逆全球化趋势愈演愈烈，即便是没有新冠这种突发性公共卫生事件的影响，意识形态问题也越来越成为影响全球供应链稳定的危险因素。今后的一个时期，我国仍将继续面对外部环境可能出现的更多挑战，同时又要实现"十四五"和 2035 年经济发展目标，进入到向着第二个百年奋斗目标前进的新发展阶段。在这个新形势下，构建以国内大循环为主、国内国际双循环相互促进的新发展格局，就要求我们要以国内循环作为发展的重心，加快实现经济内部可循环的布局，打破国内原有妨碍经济循环的地域空间壁垒、产业协调发展壁垒，同时又通过经济内循环畅通来促进外循环的发展。传统行业兼并重组作为双循环中资本要素畅通的重要一环，在此次产业链重构中也面临着一些机遇。

6.4.1　科技领域的并购有助于产业链高端化

虽然中国已经拥有全球最为完整的产业链和工业体系，但是我国的产业基础和技术仍与世界前沿水平目标存在差距，部分产业链尚未摆脱"中低端"的标签，产业转型升级、产业链高端化仍旧是实现高质量发展的焦点。其中，传统产业更是迫切需要改变过去依赖资源优势的粗放式发展思路，在实现产业高端化、数字化、绿色化的转型中有着巨大的空间。传统产业要升级改造，产业链要向高端化延展，关键是科技创新能力的提升。而传统产业除了加大在技术改造、绿色创新方面的研发力度，还可以通过并购重组，直接共享合作方的先进工艺、关键元器件和原材料，利用多元化渠道提高企业的自主创新能力。例如，石化行业的企业可以通过直接并购获取包括数字化改造、绿色减排等一系列新技术，同时也加快自己在高端石化产业的布局；钢铁行业企业可以通过采取独资、合资、股权收购等方式开展产能合作、资源开发等，或者借助并购开展产业链的垂直整合在集团内部形成一个微型的产业链条，增强钢铁产业链的稳定性。这样，即便是发生外围"断供"这种极端情况，钢铁行业的产业链也可以内部循环。

6.4.2 高水平对外开放下，海外并购对外循环畅通至关重要

当前，全球化趋势仍是不可逆转的历史潮流。因此，无论是增强产业链稳定性还是弥补现有产业链的空缺，我们都不可能单纯依赖国内自主研发，仍需要积极进行对外交流合作。在双循环格局下，政府大力支持鼓励中国的企业"走出去"甚至是"走上去"，实现高水平的对外开放目标。传统行业的企业也要抓住这个契机，通过海外跨境并购，引进先进技术的同时也拓展海外市场。

（1）可以通过海外子公司进行并购，这在一定程度上会规避东道国因意识形态、政治正确的影响而对并购采取的遏制性政策。跨国并购目标企业，除了通过吸收学习对方的先进技术来带动国内研发水平的提升，还可以获得标的企业海外销售渠道，同时利用好国外的市场和资源。

（2）另外，可以通过向东道国的中介机构或金融机构获得相应的咨

询服务、贷款服务，减少信息不对称，提高传统行业企业海外并购的成功率。

（3）传统行业海外并购时可以结合国家战略，优先考虑在"一带一路"沿线或亚太经合组织、区域全面经济伙伴关系协定（RCEP）相关区域开展兼并重组。同时也要主动嵌入由发达国家主导的全球产业链，并审时度势参与到涉及关键元器件、核心技术的高端产业链中，逐渐在全球产业链中掌握主动权。

6.4.3　国有企业并购重组要起带头示范作用

此次全球产业链重构与前三次重构呈现出相反的方向，产业不再是顺次向下转移。而是呈现出"回流"现象。从地域上看，产业链呈现中低端部分向高端部分转移，高端部分又向核心部分转移的特点。因此，畅通国内国际循环，掌握产业链重构的主动权，也需要打造一批具有国际竞争优势、国际吸引力、品牌影响力的世界一流企业。而国有企业作为传统行业的领头羊，具备强大的资源配置能力，要发挥行业龙头企业的作用，主动担当产业链"链长"的重任。国有企业可以通过兼并重组整个行业内的资源，发挥协同效应，吸引产业内的核心环节在国内落地，从而带动上下游企业聚集形成强大的产业链群。同时也要注意以下几点：

（1）国有企业并购重组不能只是表面上的规模扩张，关键是产业重组整合及内在战略和制度的融合统一，并购重组是形式，要聚焦业务协同和管理提升，并利用产业聚集带动人才聚集和创新聚集。

（2）新的发展格局下，国有企业重组既要做大做强主业，又要适当进行国有企业布局的优化调整。国有企业要更多地聚焦事关国家战略安全的重要行业和关键领域，结合自己所在行业的优势条件，更主动地参与一些战略性新兴产业的发展。

（3）要引领不同的传统行业进行有区别的专业化重组。对处于产业发展不同时期的行业要结合行业发展的前景，有选择地进行重组或合并。

6.4.4　国内资本市场改革和交易平台建设为并购提供了便利

当前，中国已经形成了由主板、创业板、新三板、科创板组成的多级资本市场，为盈利能力、抗风险能力、规模大小、所处行业存在差异的不同类型的企业上市投融资或并购重组提供了多元化平台。同时又支持在广州、上海、浙江等地成立区域股权交易市场，为一些具有良好前景的中小微企业以非公开方式进行债信融资、并购重组创造了可能性。此外，注册制已经实施，这将有利于提高传统行业通过上市兼并重组的效率。跨境并购方面，北京、上海、海南等地都已在部署跨境资产交易平台的建设，也为传统产业跨境重组提供了平台。

参 考 文 献

［1］艾晓峰．中国汽车企业技术寻求型 FDI 模式研究——以 NJ 收购 LF 为案例［D］．长春：吉林大学，2008．

［2］蔡宝刚．经济现象的法律逻辑：马克思法律反作用思想研究［M］．哈尔滨：黑龙江人民出版社，2004．

［3］蔡原江．ASLMT 的并购智慧［J］．中国外汇，2010（13）：47－48．

［4］陈爱贞，张鹏飞．并购模式与企业创新［J］．中国工业经济，2019（12）：115－133．

［5］陈刚．基于创造股东价值的上市公司并购研究［D］．武汉：武汉理工大学，2004．

［6］陈家轩．中国汽车行业跨国并购风险研究——以 SQ 并购 SL 为例［D］．广东：广东外语外贸大学，2018．

［7］陈顺长．跨国并购案例分析及其对中国的启示［D］．北京：北京交通大学，2007．

［8］陈霞．现代铜加工企业经济管理的创新策略探讨［J］．财经界，2016（33）：108．

［9］楚璐颖．LD 集团借壳 JF 投资整体上市案例分析［J］．纳税，2017（21）：119．

［10］杜立辉，刘加军，刘航．日本企业兼并概况及对我国钢铁行业的启示［J］．冶金经济与管理，2008（5）：42－44．

［11］段晓娟．德国对企业兼并的控制［J］．法学杂志，1998（2）：39.

［12］段晓娟．德国企业兼并法律制度及其对我国的启示［J］．国际贸易问题，1998（11）：4.

［13］冯剑，武建宙，王宇敏．国际化的日本并购浪潮及其影响分析［J］．生产力研究，2009（11）：138－140.

［14］冯银波，刘雨佳．中国民营企业海外并购财务绩效分析——以 JL 并购 WOW 为例［J］．现代管理科学，2016（3）：97－99.

［15］干春晖，刘祥生．企业并购理论与实务［M］．北京：立信会计出版社，1999.

［16］甘欣．跨国并购案例分析——浅析 JL 收购 WOW［D］．广州：广东外语外贸大学，2017.

［17］高双，袁宇峰．XRT 住金合并重组及整合策略研究［J］．冶金经济与管理，2017（2）：35－39.

［18］郭超．跨国企业国际化战略研究——以德国大众汽车集团为例［J］．投资与创业，2020，31（19）：135－137.

［19］国外信息［J］．工程机械文摘，2007（6）：31－32.

［20］韩瑞芸．"并购"不意味着"征服"［N］．21 世纪经济报道，2007－11－16（1）.

［21］何卉，常云波．境外混合所有制探索——以中国交建并购巴西咨询公司为例［J］．国际工程与劳务，2018（12）：71－72.

［22］洪霄烨．战后日本企业跨国并购及其启示［D］．长春：吉林大学，2010.

［23］胡俊鸽，周文涛，毛艳丽．克鲁斯集团的成立与整合措施［J］．冶金信息导刊，2006（3）：11－13.

［24］胡越．大型企业集团对控股公司的管理模式及措施［J］．冶金经济与管理，2020（36）：27－28.

［25］贾镜渝，赵忠秀．创造性资产寻求型中国企业跨国并购知识

转移与动态技术能力提升——以 NJ 汽车为例 [J]. 现代管理科学, 2015 (4): 9-11.

[26] 贾孟冉. 产能过剩行业兼并重组治理的理论与实证研究——以钢铁业为例 [D]. 北京: 北京交通大学, 2016.

[27] 姜翠玉. 并购融资及财务成本控制技巧分析 [J]. 冶金管理, 2007 (11): 42-44.

[28] 蒋晨. 基于协同效应的企业海外并购研究——以中交建海外并购为例 [D]. 北京: 北京交通大学, 2019.

[29] 蒋学伟. 集成国际资源, 自主发展建设全球企业——SQ 集团全球化进程简析 [J]. 上海汽车, 2011 (4): 41-45.

[30] 景晓洋. 中日钢铁产业国际竞争力比较研究——以产业链为分析视角 [D]. 无锡: 江南大学, 2012.

[31] 李国团. ASLMT 钢铁公司收购历程、方式及运作特征研究 [J]. 冶金经济与管理, 2018 (4): 31-35.

[32] 李拥军. 走并购扩张之路 优化生产销售流程——ASLMT 并购历程和效果分析 [N]. 中国冶金报, 2011-08-30 (C02).

[33] 李玉芬. 韩国以跨国并购吸引 FDI 及其对中国的启示 [J]. 延边大学学报 (社会科学版), 2007 (4): 32-36.

[34] 梁琳. 企业并购过程中的财务风险控制 [D]. 北京: 对外经济贸易大学, 2006.

[35] 廖多禄. 英波基洛公司运作方式的调查与思考 [J]. 陕西水力发电, 1998 (2): 3.

[36] 廖靓. 跨国并购的新特点与强国企业的跨国并购 [J]. 经济管理, 2005 (23): 3.

[37] 刘根荣. 市场秩序理论研究: 利益博弈均衡秩序论 [M]. 厦门: 厦门大学出版社, 2005.

[38] 刘亮. SQ 折戟韩国 5 亿美元买教训 [J]. 中国新时代, 2009

（3）：24 - 26.

[39] 刘欣博 . 日本钢铁企业并购分析 [D]. 长春：吉林大学，2016.

[40] 刘焰 . 行业生命周期、企业生命周期与混合并购绩效的实证研究 [J]. 中南财经政法大学学报，2017（4）：46 - 57，159.

[41] 卢进勇，杜奇华，闫实强 . 国际投资与跨国公司案例库 [M]. 北京：对外经济贸易大学出版社，2005.

[42] 卢秋颖 . LD 集团借壳 JF 投资整体上市案例分析 [D]. 北京：中国财政科学研究院，2015.

[43] 卢文华 . 美国并购浪潮对我国并购市场的启示 [J]. 现代管理科学，2019（11）：9 - 11.

[44] 陆菁 . 金融控股公司的监管及监管科技的应用 [J]. 今日财富，2021（1）：24 - 28.

[45] 马飞 . ASLMT 的并购想象力 [J]. 商学院，2007（7）：49 - 55.

[46] 马永斌 . 公司并购重组与整合 [M]. 北京：清华大学出版社，2020.

[47] 聂名华 . 美国对跨国并购投资的法制管理 [J]. 国外社会科学，2003（4）：8.

[48] 聂名华 . 中国企业应对跨国并购投资的战略与政策研究 [M]. 上海：上海财经大学出版社，2006.

[49] 瞿长福 . 中交集团：在创新中实现又好又快发展 [N]. 经济日报，2008 - 06 - 24（11）.

[50] 钱家骏 . 60 年代：企业兼并在日本 [J]. 经济工作通讯，1989（10）：25.

[51] 任高菱子 . 企业并购财务绩效分析——以 JL 并购 WOW 为例 [J]. 会计之友，2013（28）：65 - 68.

[52] 石建勋，郝凤霞 . 企业并购与资产重组 [M]. 北京：清华大学出版社，2012.

［53］石颖. 终极控制人与上市公司并购模式选择研究［J］. 经济体制改革, 2016（4）: 109 - 114.

［54］宋养琰. 剖析西方国家企业并购的五大浪潮（上）［J］. 中外企业家, 2008（1）: 34 - 37.

［55］宋养琰. 剖析西方国家企业并购的五大浪潮（下）［J］. 中外企业家, 2008（2）: 40 - 44.

［56］谈莉. 印度 TT 集团的跨国并购研究［D］. 贵阳: 贵州财经大学, 2017.

［57］王海兵. 产业政策化解产能过剩的国际经验与启示——以美国和日本钢铁产业为例［J］. 现代日本经济, 2018, 37（6）: 41 - 58.

［58］王惠萍. 中国企业跨国并购的新思路——以 NJ 汽车集团有限公司并购 MGLF 为例［J］. 经济师, 2007（12）: 212 - 213.

［59］王陆. 全球跨国公司并购浪潮的特点及动因分析［J］. 科技进步与对策, 1999, 16（2）: 3.

［60］王世渝. 全球并购——中国整合［M］. 北京: 中国民主法制出版社, 2016.

［61］王晓齐. 推动钢铁企业重组 实现钢铁产业升级 在 2008 中国钢铁工业竞争战略论坛上的讲话［J］. 冶金信息导刊, 2008, 45（5）.

［62］吴汉洪, 周德发. 美国最新横向并购指南解析对中国的启示［J］. 云南财经大学学报, 2012, 28（1）: 101 - 107.

［63］吴三强. 美国企业并购研究［D］. 长春: 吉林大学, 2016.

［64］吴绍先, 陈阳新. 突破自我 创新未来——访 NJ 汽车集团副总经理、跃进汽车股份有限公司总经理曹心平［J］. 时代汽车, 2005（7）: 28 - 30.

［65］吴晓旭. 互联网 + 背景下 V 汽车公司销售业务生态系统构建研究［D］. 上海: 华东理工大学, 2018.

［66］吴越人. 上海收购 LF: 破产可是"上帝之手"?［J］. 中国外

资, 2005 (6): 42 - 43.

[67] 肖笛, 常云波, 魏彤. 跨国并购的整合实践——以中国 JJ 对康科玛特公司为例 [J]. 国际工程与劳务, 2018 (9): 69 - 71.

[68] 熊靓. 印度 TT 的全球野心 [J]. 中国科技财富, 2008 (3): 42 - 45.

[69] 徐维兰, 崔国平. 中国上市公司并购绩效的实证研究 [J]. 统计与信息论坛, 2008 (8): 68 - 72.

[70] 徐兆铭, 乔云霞. 美国五次并购浪潮及其历史背景 [J]. 科技情报开发与经济, 2003 (5): 145 - 147.

[71] 续秀梅, 王丽丽. 美国, 日本, 英国的企业并购浪潮及对我国的启示 [J]. 北京商学院学报, 1998 (4): 21 - 24.

[72] 杨丹辉. 第五次并购浪潮的回顾: 特征、成因与影响 [J]. 世界经济研究, 2004 (4): 6.

[73] 杨建辉. 数字经济动态性特征对现行反垄断规则的挑战 [J]. 竞争政策研究, 2018 (5): 35 - 49.

[74] 杨永胜. 建企国际化经营模式与战略 第三篇聚焦国内外优秀建企国际化经营与合作模式 (上) 世界标杆建企的成功秘笈 [J]. 施工企业管理, 2014 (3): 114 - 116.

[75] 杨子牧. 我国企业并购行为动因研究 [J]. 中国证券期货, 2012 (9): 178.

[76] 姚瑶. 我国汽车产业国际竞争力影响因素研究 [D]. 长沙: 中南大学, 2010.

[77] 姚志敏. 安赛乐 ASLMT 集团: 从印度小钢厂到全球巨无霸——小型民营钢铁企业的逆袭之路 [J]. 冶金经济与管理, 2019 (4): 55 - 56.

[78] 姚志敏. 中国钢铁企业如何成为全球钢铁业引领者 [J]. 冶金经济与管理, 2018 (6): 4 - 10.

［79］伊查克·爱迪思．企业生命周期［M］．北京：中国人民大学出版社，2017.

［80］于开乐，王铁民．基于并购的开放式创新对企业自主创新的影响——N 并购 LF 经验及一般启示［J］．管理世界，2008（4）：150 - 159，166.

［81］于开乐．海外并购对中国企业自主创新的影响——对 NJ 并购 LF 案例的分析［D］．北京：北京大学，2007.

［82］张晨昊．并购德国制造：德国企业的隐形冠军与我国企业跨境并购指南［M］．北京：人民邮电出版社，2017.

［83］张红海．安赛乐米塔尔 ASLMT 在中国市场的扩张策略分析［J］．冶金经济与管理，2008（5）：2.

［84］张鸣．高级财务管理［M］．上海：上海财经大学出版社，2006.

［85］张馨元．房地产企业借壳上市的案例研究——以 LD 借壳 JF 投资为例［D］．郑州：河南财经政法大学，2017.

［86］张馨元．云南白药集团混合所有制改革对财务绩效的影响研究［D］．哈尔滨：哈尔滨商业大学，2019.

［87］张忠寿．后危机时代我国企业并购模式的理论思考及主流选择［J］．商业时代，2013（7）：92 - 93.

［88］赵伟，邓曲恒．企业并购与政府干预：实证研究与理论分析［J］．浙江学刊，1999（6）：5.

［89］郑磊．企业并购财务管理［M］．北京：清华大学出版社，2004.

［90］郑玉春．借鉴国外经验促进我国钢铁行业兼并重组［J］．中国钢铁业，2015（7）：5 - 9.

［91］周瑜胜，宋光辉．公司控制权、资本流动性与并购绩效——基于交互视角的中国上市公司股权收购的研究［J］．经济理论与经济管理，2015（10）：67 - 87.

［92］卓勇良. ACS 购并豪赫蒂夫的启示（二）［J］. 浙江经济，2017（19）：14.

［93］卓勇良. ACS 购并豪赫蒂夫的启示［J］. 浙江经济，2017（17）：18.

［94］Anderson C. W., Huang J., Torna G. Can investors anticipate post-IPO mergers and acquisitions? ［J］. Journal of Corporate Finance，2017，45（5）：496−521.

［95］Anthony. Effects of merger and acquisition on financial performance：case study of commercial banks ［J］. International Journal of Business Management and Finance，2017，1（6）：93−105.

［96］Boubaker F. Z., Naoui K. A post-merger performance of acquiring firms：evidence from French stock market ［J］. International Journal of Entrepreneurship and Small Business，2019（19）：43−63.

［97］Brooks C., Chen Z., Zeng Y. Q. Institutional cross-ownership and corporate strategy：The case of mergers and acquisitions ［J］. Journal of Corporate Finance，2018，48（5）：187−216.

［98］Chen P. Merger motives and merger prescriptions ［J］. Strategic Management Journal，2019，11（4）：283−295.

［99］Faff R., Prasadh S., Shams S. Merger and acquisition research in the Asia-Pacific region：A review of the evidence and future directions ［J］. Research in International Business and Finance，2019（50）：267−278.

［100］Fu F. J., Lin L., Officer M. S. Acquisitions driven by stock overvaluation：Are they good deals ［J］. Journal of Financial Economics，2013，109（1）：24−39.

［101］Gao N., Mohamed A. Cash-rich acquirers do not always make bad acquisitions：New evidence ［J］. Journal of Corporate Finance，2018

(50): 243 – 264.

[102] Hassan I., Ghauri P. N., Mayrhofer U. Merger and acquisition motives and outcome assessment [J]. Thunderbird International Business Review, 2018, 60 (4): 709 – 718.

[103] Hauser R. Busy directors and firm performance: Evidence from mergers [J]. Journal of Financial Economics, 2018, 128 (1): 16 – 37.

[104] Huang P., Officer M. S., Powel R. Method of payment and risk mitigation in cross-border mergers and acquisitions [J]. Journal of Corporate Finance, 2016, 40 (5): 216 – 234.

[105] Jost S., Erben S., Ottenstein P., Zülch H. Does corporate social responsibility impact mergers & acquisition premia? New international evidence [J]. Finance Research Letters, 2022, 46 (PA), 102 – 237.

[106] Karampatsas N., Petmezas D., Travlos N. G. Credit ratings and the choice of payment method in mergers and acquisitions [J]. Journal of Corporate Finance, 2014, 25 (5): 474 – 493.

[107] Kooli C., Lock S. M. Impact of COVID-19 on Mergers, Acquisitions & Corporate Restructurings [J]. Businesses, 2021, 1 (2): 102 – 114.

[108] Lee K. H., Mauer D. C., Xu E. Q. Y. Human capital relatedness and mergers and acquisitions [J]. Journal of Financial Economics, 2018 (129): 111 – 135.

[109] Li F. C., Liang T., Zhang H. L. Does economic policy uncertainty affect cross-border M&As? —— A data analysis based on Chinese multinational enterprises [J]. International Review of Financial Analysis, 2021 (73), 101631.

[110] Li J., Huddleston P., Good L. Financial constraints and financing decision in cross-border mergers & acquisitions: evidence from the U. S.

retail sector [J]. The International Review of Retail, Distribution and Consumer Research, 2021, 31 (4): 411 – 431.

[111] Martynova M., Renneboog L. A century of corporate take-overs: what have we learned and where do we stand? [J]. Journal of Banking & Finance, 2008, 32 (10): 214 – 217.

[112] Matthew T. B., Yang K. Bond tender offers in mergers and acquisitions [J]. Journal of Corporate Finance, 2016 (40): 128 – 141.

[113] Nadia Z., Zaheer K., Sinkovics R. R. The Role of Emotions in Cross-Border Mergers & Acquisitions: A Systematic Review of the Inter-Disciplinary Literature and Future Research Agenda [J]. Journal of International Management, 2022, 28 (4), 100 – 958.

[114] Natocheeva N. N., Rovensky Y. A., Belyanchikova T. V. R., Yury Y. The diversification of banking capital sources and cash flow granularity in merger and acquisition transactions [J]. Strategic Management Journal, 2017, 8 (1): 39 – 53.

[115] Nguyen T. N. D., Ha T. C., Nguyen M. C. Factors Affecting the Liquidity of Firms After Mergers and Acquisitions: A Case Study of Commercial Banks in Vietnam [J]. Journal of Asian Finance, Economics and Business, 2021, 8 (5): 785 – 793.

[116] Nihat A., Jean-Gabriel C., Ali O., Junyao Z. Industry IPOs, growth opportunities, and private target acquisitions [J]. Journal of Corporate Finance, 2016 (37): 193 – 209.

[117] Offenberg D., Pirinsky C. How do acquirers choose between mergers and tender offers? [J]. Journal of Financial Economics, 2015, 116 (2): 331 – 348.

[118] Schmidt B. Costs and benefits of friendly boards during mergers and acquisitions [J]. Journal of Financial Economics, 2015, 117 (2):

424 –447.

[119] Sujud H. , Hachem B. Effect of mergers and acquisitions on performance of Lebanese banks [J]. Pacific Basin Journal, 2018 (166).

[120] Wang Y. J. Financing Constraints, Payment Methods and M&A Performance [P]. 5th International Conference on Financial Innovation and Economic Development (ICFIED 2020), 2020.

[121] Wang Q. P. , Lau R. Y. K. , Yang K. Does the interplay between the personality traits of CEOs and CFOs influence corporate mergers and acquisitions intensity? An econometric analysis with machine learning-based constructs [J]. Decision Support Systems, 2020 (139), 113 –424 .

[122] Wang W. Y. Bid anticipation, information revelation, and merger gains [J]. Journal of Financial Economics, 2018, 128 (2): 320 – 343.

[123] Xu E. Q. Y. Cross-border merger waves [J]. Journal of Corporate Finance, 2017, 46 (5): 207 –231.

[124] Yang C. C. Motivation and risk on cross border M & A of Chinese Enterprises [C] //Proceedings of 2021 International Conference on Business Management, Humanities and Education Engineering (BMHEE 2021). , 2021: 80 –84.

后　记

　　兼并重组至今依然是学术界和理论界关注的重要问题，既有的相关企业并购理论研究与政策主张可以为数字经济时代的企业提供相应的参考。回顾主要发达经济体的知名企业发展史，无一不是通过兼并重组发展壮大的，在每一个历史时期，并购重组的发展与转型均与当时的政治经济环境、政府政策导向密切相关。因此，以史为鉴，借鉴全球主要发达经济体传统行业企业兼并重组模式，思考中国传统行业企业转型是当前时期需要关注的重要课题。

　　本书著者长期致力于企业兼并重组问题研究，并在此领域发表了一系列的学术论文，但目前尚未系统地总结归纳并形成专著，正值近年来企业兼并重组环境发生了较大变化，便有了将以往研究集结成书的想法，但考虑到纯粹的学术书籍难以覆盖较为广泛的人群，因此本书的写作兼顾了学术研究和实务界的需求，研究方法融合了简单的理论分析、实证分析和案例研究，不仅可以作为高年级本科生、硕士研究生及博士研究生课外阅读材料使用。同时，我们相信其中浅显易懂的案例分析对深耕于企业并购重组实践的业界人士、政府相关职能部门能够提供一定的参考。

　　本人作为编著者，负责确定全书大纲、内容设计及组织编写，在写作过程中受到了西安交通大学基本科研业务费专项资金及陕西省社会科学基金"深入学习贯彻党的二十大精神研究"重大项目（2023ZD10）的资助，历时一年半完成。真诚感谢我的研究团队成员为此著作所付出的辛苦努力和汗水。他们是就读于西安交通大学经济与金融学院的冀梦玄、阿丽腾艾·努尔波拉特（第1章），乔阳娇、杨钰欣（第2章），刘畅、毛扬帆（第3、第4章），王丹、谈笑、任奕平（第5章），白龙、冯硕（第6章）。上述研究团队成员分别完成了相关章节的初稿，并且在订校的过程中作出了切实的贡献，本人对上述成员完成的初稿进行了结构上的完善，并进行了多轮次的修改，以求做到准确无误，但难免存在疏漏，恳请读者批评指正！

李双燕

2022年8月10日于西安